Présentation de Pierre Haski

Le journal de Ma Yan

La vie quotidienne d'une écolière chinoise

Traduit du mandarin
par He Yanping

J'AI LU

Les photos des pages 18 en haut, 33, 62, 65, 70, 73, 152, 161, 212 sont de Wang Zheng.

Les photos de la couverture et des pages 15, 18 en bas, 26, 39, 44, 54, 83, 101, 123, 126, 167, 176, 242, 244 en haut, 256 sont de Pierre Haski.

Les photos de la lettre et du journal sont de Vincent Angouillant.

La photo de Ma Yan, page 30, a été prise par le photographe public de Yuwang.

Tous nos remerciements à He Yanping, traductrice, mais aussi engagée dans l'aide apportée aux enfants, à Wang Zheng, photographe, qui fut notre guide au Ningxia, à Sarah Neiger, qui fut à l'origine de cette aventure, et à tous ceux qui, en Chine ou en Europe, ont décidé de soutenir Ma Yan et les enfants du Ningxia.

Préface de Pierre Haski

Mai 2001, village de Zhang Jia Shu. Notre petite expédition s'apprêtait à repartir. Nous en étions aux adieux à l'imam du village, qui nous avait chaleureusement accueillis chez lui, et les enfants, peu habitués à voir des étrangers dans ce coin reculé de Chine, s'excitaient tout seuls de cette animation exceptionnelle. Un officiel ne m'avait-il pas dit que j'étais le premier journaliste étranger à passer dans ce secteur depuis Edgar Snow[1], le reporter américain qui révéla Mao au monde dans les années 1930 ? Notre chauffeur s'impatientait car la route promettait d'être longue et pénible jusqu'à Yinchuan, la capitale de la région autonome du Ningxia, dans le nord-ouest de la Chine[2].

C'est le moment que choisit une villageoise, portant la coiffe blanche des musulmans chinois, pour aborder un membre de notre groupe et l'attirer dans sa maison située à quelques mètres de là. Sarah Neiger, une amie de Pékin à l'origine de ce périple, se

1. Auteur de *Étoile rouge sur la Chine* (Paris, Stock, 1965), un voyage dans les maquis maoïstes du nord-ouest de la Chine.

2. La Chine a défini dix « minorités nationales » musulmanes, qui représentent en tout plus de vingt millions de personnes sur un total de 1,3 milliard d'habitants. Parmi elles, les Hui sont environ neuf millions, disséminés dans plusieurs provinces chinoises. Le Ningxia est la seule région autonome qui leur soit attribuée, bien qu'ils y soient minoritaires. Les autres musulmans du pays, qui se partagent entre les Ouïgours et d'autres petits groupes ethniques d'Asie centrale (Kazakhs, Tadjiks, Ouzbeks, Tatars...), vivent dans la province occidentale du Xinjiang.

vit ainsi remettre par la femme une lettre, ainsi que trois petits carnets bruns couverts d'idéogrammes finement tracés au crayon. Devant sa surprise, la paysanne insista comme si sa vie en dépendait. Quelques minutes plus tard, nous repartions avec ce mystérieux, et apparemment précieux, bagage.

De retour à Pékin, un début de traduction nous en a révélé l'étonnant contenu, et l'identité de son auteur : Ma Yan, une jeune fille alors âgée de treize ans, confrontée à un drame personnel. Dans la lettre qui nous a été remise, l'adolescente s'adresse en fait à sa mère – la femme qui nous a confié les documents. Ma Yan crie sa révolte. Elle vient d'être informée qu'elle ne retournerait plus à l'école. La cause : la famille n'a plus les moyens de payer ses frais de scolarité après cinq années consécutives de sécheresse.

« Je veux étudier », a écrit Ma Yan, comme en titre à sa lettre, rédigée au dos d'un mode d'emploi pour graines de haricots (*voir pages 26 et 27*). Un texte griffonné avec rage, ainsi qu'en témoignent les nombreuses ratures. Pour le stylo-bille qu'elle a utilisé, nous l'apprendrons plus tard à la lecture de son journal, elle s'est privée de nourriture pendant quinze jours...

Ce cri du cœur a des allures de manifeste pour tous les enfants privés d'école, en Chine, mais aussi ailleurs dans le monde. Il exprime une soif d'éducation et une foi dans le progrès qui méritent d'être entendues au-delà des frontières étroites de ce petit village chinois. Il permet aussi de prendre conscience que, au début du XXIe siècle, des enfants voient encore leur avenir anéanti par un environnement socio-économique hostile.

Ma Yan sait que la décision de ses parents la condamne à la misère et elle ne peut pas l'accepter.

Sa situation lui est d'autant plus insupportable que ses deux jeunes frères continueront, eux, d'aller à l'école. Dans les campagnes chinoises, musulmanes ou pas, les filles passent après les garçons. Et, en guise d'explication, sa mère lui a dit seulement : « Quand tu seras grande, tu comprendras »...

Les trois petits carnets bruns qui accompagnent la lettre contiennent quant à eux le journal intime de Ma Yan. Un document unique pour nous éclairer sur la vie d'une adolescente chinoise, semblable sans doute à des millions d'autres dans les campagnes. Combien sont-elles en effet à connaître ce désir fou d'étudier pour échapper, avec leur famille, à la pauvreté, à endurer la peur tenace de ne pas y arriver, une lutte permanente contre la faim, l'âpreté des rapports humains dans une telle détresse ?

On y lit l'envers du décor d'une Chine en pleine transformation, qui préfère projeter au monde l'image de ses succès économiques et de ses villes modernisées comme Pékin et Shanghai. Or, Ma Yan nous le rappelle malgré elle, la prospérité de quelques-uns ne suffit pas à entraîner tout un pays dans son sillage ; elle porte en elle, au contraire, le risque de créer des laissés-pour-compte dont le sort paraît plus injuste encore.

La famille Ma[1] sait qu'elle ne peut attendre son salut que d'elle-même.

Dans la Chine actuelle, celle des réformes économiques, ces paysans de la région du Nord-Ouest appartiennent aux plus pauvres des pauvres, aux oubliés de l'« économie socialiste de marché » qui a permis l'enrichissement d'une classe moyenne

1. En Chine, le nom de famille précède toujours le prénom.

urbaine. Pourtant, on ne trouvera pas, chez Ma Yan et ses parents, la moindre note d'amertume, ni même d'envie à l'égard de cette partie de la Chine qui a décollé. Ils semblent accepter leur sort sans se poser de questions : toute leur énergie est consacrée à survivre. Pas la moindre distance, non plus, vis-à-vis d'un discours politique qui n'en finit pas, comme un disque rayé, de propager les valeurs du socialisme là où il n'y a, au contraire, que démission de l'État. La machine éducative chinoise continue de fonctionner au service de l'idéologie officielle, cherchant à produire de bons citoyens communistes, dans un pays qui ne l'est guère plus... Dans les villages reculés comme Zhang Jia Shu, il n'y a pas d'alternative à ce discours-là, également relayé, en termes attrayants, par une télévision d'État désormais plus proche des clips de MTV que de l'agit-prop d'antan.

Ce témoignage exceptionnel sur la dureté de la vie dans les zones rurales reculées de Chine nous parvient, de surcroît, à travers les mots vrais d'une adolescente qui, de page en page, prend possession de l'écriture et de ses propres sentiments. Ses premières journées d'écolière en 2000 – elle n'a que treize ans – sont l'objet de notes laconiques. Mais, sous nos yeux, Ma Yan mûrit vite à cette dure école de la vie : elle écrit plus longuement, de manière plus personnelle, se confiant comme à une tierce personne à son journal, devenu le compagnon de ses privations, de ses douleurs, mais aussi de ses joies et de ses espoirs. Ce journal est incomplet car, nous ne le saurons que bien plus tard, le père de Ma Yan avait pris l'habitude de rouler ses cigarettes dans les vieux cahiers d'école de ses enfants, et plusieurs carnets de la jeune fille sont ainsi partis en fumée... Il est donc doublement miraculeux que ce journal de Ma Yan nous soit parvenu.

Il fallait que nous rencontrions cette jeune fille et sa mère, pour mieux comprendre comment et pourquoi ce document s'était retrouvé entre nos mains. Un mois plus tard, nous étions donc de retour à Zhang Jia Shu, ce village du sud du Ningxia où une première rencontre fugitive nous avait ouvert les portes d'un univers fonctionnant d'ordinaire à huis clos. C'était une incursion dans l'inconnu puisqu'il nous était impossible de prévenir qui que ce soit, tant les télécommunications, dans cette partie du pays, sont restées à l'écart du formidable développement qu'elles ont connu ailleurs.

Zhang Jia Shu a des allures de bout du monde : on n'y arrive pas par hasard. Le trajet en avion de Pékin à Yinchuan, la moderne capitale du Ningxia, prend à peine une heure. Wang Zheng, un ami photographe, nous y attend, et nous partons pour une bonne journée de voiture sur une piste abominable, la route principale étant en travaux. Un long chemin qui traverse les zones agricoles autour du fleuve Jaune, puis la route serpente dans des régions plus arides, semi-désertiques, auxquelles s'accrochent des bourgades dont la couleur se confond avec celle du sable. L'une d'elles a été surnommée « le village des veuves » car plusieurs de ses habitants masculins, trafiquants de drogue notoires, ont été condamnés à mort et exécutés.

Le voyage vers Zhang Jia Shu est un déplacement dans le temps encore plus que dans l'espace. Ce village, dont les maisons de brique aux toits de tuiles traditionnelles sont très éparpillées sur les collines, vit à l'écart du bouillonnement urbain de la Chine. Pendant ces deux dernières décennies où le pays de

Mao a connu des changements profonds, Zhang Jia Shu a surtout trouvé l'apaisement : les grandes utopies collectives du maoïsme ont cessé d'agiter la campagne, la terre a été rendue aux paysans, l'électricité a fini par arriver. Pour le reste, la fin des projets idéologiques l'a fait retomber dans l'oubli : Zhang Jia Shu est abandonné à son propre sort. Rien d'étonnant à ce que ses habitants soient surpris que nous ayons mis moins de vingt-quatre heures pour arriver de Pékin : pour eux, la capitale est située à des années-lumière...

À notre arrivée, c'est la désillusion. Ni Ma Yan ni sa mère ne sont présentes dans le village, leur maison est vide. Nous finissons par trouver le père de la jeune fille, un solide paysan peu bavard, les cheveux coupés au bol, qui nous fait entrer dans sa petite demeure de briques grises surplombant une vallée aride à perte de vue. Il ne paraît pas autrement surpris de nous voir, il semble juste gêné par le dénuement de cette pièce et la simplicité de son accueil.

Ma Yan, nous dit-il, se trouve à l'école de Yuwang, la commune voisine dont dépend le village, à vingt kilomètres de là. Devant notre surprise, il explique : bouleversés par la lettre de leur fille, son épouse et lui ont emprunté l'argent qui manquait pour lui permettre de terminer l'année scolaire – soixante-dix yuans[1]. C'est une somme dérisoire dans la Chine urbaine d'aujourd'hui, mais toujours une fortune ici. Ma Yan a donc retrouvé le chemin de l'école, et le sourire. Sa mère, elle, est partie travailler quelques jours dans le nord de la province pour récolter le *fa cai* (*voir page 165*) et gagner de quoi rembourser cette dette.

---

1. La monnaie chinoise est le yuan, qui équivaut à 0,095 euro.

Le paysage de la région : une terre aride et une agriculture rudimentaire.

Le village de Zhang Jia Shu, communauté rurale oubliée de tous.

Nous partons donc chercher Ma Yan à son école, par cette piste escarpée qu'elle décrit dans son journal (*voir pages 39-40*). Le week-end, elle rentre généralement à pied – de quatre à cinq heures de marche selon le rythme –, en compagnie d'autres enfants sans ressources. Les plus « riches » peuvent se payer, moyennant un yuan, une place sur les tracteurs quand ceux-ci reviennent de la foire commerciale et agricole de Yuwang, qui attire tous les paysans du coin.

C'est une jeune fille rayonnante et volontaire qui nous apparaît, vive et intelligente, heureuse d'avoir retrouvé son univers scolaire. Cette petite Chinoise aux cheveux courts, modestement vêtue d'un chemisier blanc à collerette et d'un pantalon de toile rouge, avec pour toute fantaisie un petit cœur en plastique autour du cou et deux anneaux argentés aux oreilles, a assurément du caractère. Elle ne cache pas sa joie en apprenant que c'est pour elle que mon assistante, He Yanping, et moi-même sommes revenus.

Très vite nous repartons avec elle dans son village, où une réunion s'improvise dans la maison de l'imam Hu Dengshuang, l'un des hommes influents de Zhang Jia Shu. Le chef du village apparaît lui aussi, ainsi que le secrétaire local du Parti communiste, les deux autres autorités de la communauté. Tout le monde se serre dans le salon de l'imam, décoré de photos en couleurs de La Mecque et... d'un poster de plage tropicale sous les cocotiers. Les verres de thé circulent, le silence se fait quand Ma Yan se met à parler.

Nullement intimidée, la jeune fille raconte sa tristesse quand elle a cru ne jamais retourner à l'école, la reconnaissance qu'elle voue à sa mère qui a compris sa détresse et s'est sacrifiée pour elle, une nouvelle fois, en allant faire un travail pénible à quatre cents kilomètres de là. Elle parle aussi des espoirs de sa famille qui reposent sur elle, la fille aînée, première à pouvoir briser le cercle vicieux de la misère, à condition de s'accrocher à ses études, d'aller suffisamment loin pour échapper aux aléas de cette terre ingrate et aux pesanteurs d'une société restée très traditionnelle. Une pression terrible et un défi qui ont visiblement façonné son tempérament. La nuit tombe et Ma Yan parle toujours, suscitant un émoi visible parmi des gens qui, pourtant, partagent le même sort qu'elle.

Au moment où chacun s'apprête à rentrer chez soi en pensant avoir eu sa dose d'émotions, une silhouette frêle surgit de la nuit noire : Bai Juhua[1], la mère de Ma Yan, revient à l'improviste dans le village après douze jours de travail à l'extérieur. Les traits tirés par la fatigue du voyage, une coiffe blanche retenant ses longs cheveux, elle ne met que quelques secondes à saisir la situation. Elle a compris, en nous voyant, que sa « bouteille à la mer » était arrivée à bon port. Et les larmes se mettent à couler sur son visage épuisé.

Bai Juhua a le regard et le geste tendres vis-à-vis de Ma Yan. Un lien très fort unit visiblement ces deux êtres. Elle raconte, la gorge serrée : « Je suis une mère, mais mon cœur est très amer. Je savais que je ne pouvais plus envoyer ma fille à l'école terminer sa cinquième année. Elle m'a donné cette lettre, mais je ne sais pas lire. Elle a insisté : "Lis-la et tu sauras à quel point je suis malheureuse." Je me la suis fait lire et j'ai compris. » Dans le salon de

1. En Chine, les femmes mariées gardent leur nom de jeune fille.

Ma Yan à treize ans.

Ma Yan et ses parents devant la maison familiale.

l'imam, les traits les plus endurcis laissent la place à un flot de larmes : tout un village du Ningxia a décidé, ce soir-là, de pleurer.

Cette femme, accablée par une vie de dur labeur et de privations, n'a que trente-trois ans, mais elle en paraît vingt de plus. Elle n'a reçu aucune éducation, elle ne sait ni lire ni écrire, mais elle a compris que le salut de sa fille, et sans doute de toute sa famille, dépendait de cet enseignement devenu un luxe dans les campagnes défavorisées. À plusieurs reprises, elle a baissé les bras devant la difficulté, accepté la fatalité qui réduit les filles à être des illettrées, bonnes à marier. Un jour parce qu'elle devait payer trois yuans cinquante d'inscription à un examen, et qu'elle n'avait, en tout et pour tout, que trois yuans... « À chaque fois, Ma Yan lutte pour continuer. Cette fille est obstinée », souligne fièrement son père.

Chaque fois, également, les professeurs de Ma Yan sont venus convaincre sa mère que l'adolescente est intelligente et qu'elle devrait s'accrocher. Bai Juhua a bien tenté d'obtenir une aide de l'État, après avoir entendu parler à la télévision d'un fonds pour enfants de familles défavorisées, le Project Hope. Sans succès. Alors elle est repartie récolter le fa cai, y laissant sa santé, sa jeunesse. Une photo, sur un mur, chez elle, la montre coquette et belle, les cheveux exceptionnellement lâchés, à côté d'autres clichés noir et blanc du père, posant en uniforme militaire devant le portrait de Mao.

Ma Yan est assurément un cas dans ce village où la majorité des filles ne vont pas au-delà de trois ou quatre ans d'école, à peine le temps d'apprendre à lire et à écrire, alors que la durée d'études obligatoires est théoriquement de neuf ans en Chine. Ma Yan, elle, en est aujourd'hui à sa septième année. « Les autres arrêtent plus tôt, je ne peux dire que du bien de mes parents », dit-elle joliment.

Les villageois, soucieux de nous montrer qu'il y a de nombreuses Ma Yan à Zhang Jia Shu, nous guident vers une petite maison en terre à l'écart des autres. Une adolescente réservée, pas plus grande que Ma Yan, y aide désormais sa famille dans les travaux domestiques. Elle a quitté l'école depuis un an. À l'évocation de ce sujet, elle s'écrie : « Je veux retourner à l'école », et s'enfuit en pleurant. Un an après, la blessure est toujours ouverte, béante. Ses parents restent silencieux, le regard fixé au sol. Aussi pauvres mais plus âgés que les parents de Ma Yan, ils ont encore moins d'issues possibles.

Bai Juhua, elle, trouvait un réconfort dans le soutien des professeurs. À Yuwang, un enseignant lui a dit : « Ta fille est l'une des meilleures élèves. Il ne faut pas qu'elle arrête. Si tu la retires de l'école, tu gâches son avenir. » L'imam, qui a eu Ma Yan deux ans comme élève à l'école primaire du village, partage ce jugement : « Elle est très intelligente, rapide et grande travailleuse. Elle a la possibilité d'aller jusqu'à l'université. » L'université ? Certaines filles de grandes familles de Yuwang y sont parvenues, mais le rêve est difficilement réalisable pour une petite paysanne.

Nous passons la nuit chez l'imam. Dès quatre heures et demie du matin, sa femme se met au fourneau pour préparer un petit déjeuner des plus copieux : viande de mouton, soupe de nouilles, légumes à profusion, pains cuits à la vapeur… La pauvreté n'a pas entamé, ici, le sens de l'hospitalité. Nous avons à peine fini de manger que Ma Yan vient nous chercher : sa mère a, elle aussi, préparé un petit déjeuner pour nous. Impossible de refuser. Il se révélera tout aussi pantagruélique. De nouveau, on vient nous trouver : le chef du village tient à nous offrir une collation avant notre départ...

Nous ramenons Ma Yan à son école de Yuwang, où elle pénètre fière et rassurée : avec notre aide, elle est sûre pour l'instant de pouvoir poursuivre ses études au prochain semestre.

L'histoire aurait pu s'arrêter là. Quelques mois plus tard, en mars 2002, nous sommes de retour au Ningxia, avec cette fois un objectif plus large : aider d'autres enfants à retourner à l'école. Entre-temps, le reportage sur Ma Yan, publié dans *Libération*[1], a suscité un élan de solidarité parmi les lecteurs. Plusieurs d'entre eux souhaitent aider la jeune fille à poursuivre ses études. L'article, qui a été traduit en Italie[2], a suscité les mêmes élans. Dans sa lointaine province chinoise, Ma Yan vient de comprendre qu'elle a touché une corde sensible parmi des lecteurs occidentaux et que, grâce à elle, d'autres enfants vont, eux aussi, pouvoir poursuivre leur scolarité.

Lors de notre précédente visite à Zhang Jia Shu, un ami chinois, venu de la capitale régionale avec nous, avait quelque peu tourné en dérision notre désir d'aider Ma Yan. L'adversité et le poids de la tradition accableraient, selon lui, cette jeune fille, comme les autres dans le village : « Une famille aussi pauvre que celle-ci ne peut pas se permettre de payer pour l'éducation de sa fille. Elle sera fiancée à seize ans, car ses

1. *Libération*, 11 janvier 2002.
2. *Internazionale*, n° 424, 15-21 février 2002.

parents ont besoin de l'argent que rapportera cette union pour pouvoir ensuite marier leurs deux fils plus jeunes. Les garçons auront la priorité. » En Chine, en effet, c'est le mari qui paie l'équivalent d'une dot à la famille de sa future épouse. « Ma Yan est intelligente, mais elle n'y échappera pas. C'est un destin implacable », avait-il jugé.

Mais la mère de Ma Yan l'a contredit de manière catégorique : « Jusqu'à mon dernier souffle, je me battrai pour que ma fille ne connaisse pas la même vie que moi. »

« Quand Ma Yan sera mère, elle comprendra quel effort j'ai fait pour elle », nous a confié un soir Bai Juhua, qui souffre en silence, sans se soigner autrement que par des médicaments traditionnels, de nombreux maux dus à un travail harassant. Si elle pouvait lire le journal de sa fille, elle saurait que celle-ci en est d'ores et déjà bien consciente. Une immense reconnaissance s'exprime presque quotidiennement dans ses pensées. Ma Yan qui a, elle aussi, commencé à prendre le chemin du fa cai, a compris le prix payé par Bai Juhua pour l'envoyer à l'école. Elle sait ce qu'elle doit « aux mains » de sa mère, selon sa propre expression.

Voilà donc une femme, sans éducation, mariée contre son gré, dont la vie n'a été jusqu'ici qu'une longue succession d'épreuves, et c'est elle qui a inculqué à sa fille les valeurs de l'effort et de la persévérance, elle qui par son travail acharné maintient en vie une famille sur le fil du rasoir, elle encore qui, par une étonnante intuition, en nous confiant les écrits de sa fille, a ouvert à cette dernière un avenir plus sûr. Peut-être est-ce elle aussi la véritable héroïne de ce conte chinois. Quand cette mère et sa fille se serrent dans les bras l'une de l'autre, ce soir-là dans la maison de l'imam de Zhang Jia Shu, il y a bien davantage que l'expression d'un sentiment fort. Il y a toute l'énergie qui lie ces deux êtres, acharnés à briser la fatalité.

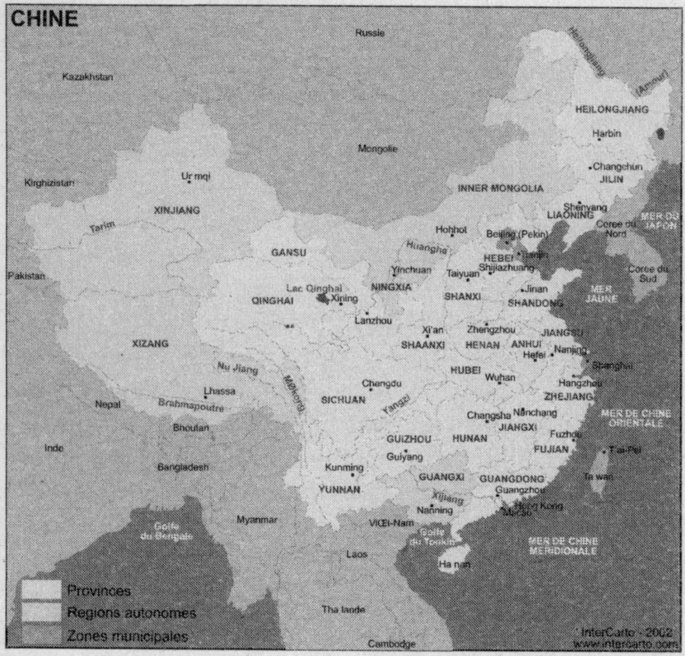

Zhang Jia Shu, le village de Ma Yan.

La présentation du journal

Le journal de Ma Yan, que nous publions dans son intégralité, est scindé en deux parties. La première période court du 2 septembre au 28 décembre 2000, la deuxième du 3 juillet au 13 décembre 2001. Les interruptions correspondent aux carnets disparus.

Après le 13 décembre 2001, il manque un carnet. Dans le carnet suivant, Ma Yan fait état de l'article paru dans *Libération* et des réactions des lecteurs. Elle écrit en se disant que nous allons la lire. Son journal n'a plus alors la même spontanéité, et nous avons choisi d'en arrêter la publication.

Le journal est ici accompagné de notes et de commentaires[1], destinés à expliquer les éléments de la vie quotidienne qui sont difficilement compréhensibles pour un lecteur occidental. Nombre de précisions ont été recueillies oralement auprès de l'écolière et de sa famille, lors des voyages de Pierre Haski à Zhang Jia Shu.

Les annexes, en fin d'ouvrage, mettent en perspective le contexte plus large de la Chine, ainsi que les suites de l'histoire de Ma Yan. Lettres de lecteurs après l'article de *Libération*, distribution de bourses scolaires, création d'une association... Nous ne sommes peut-être qu'au début d'une aventure humaine exceptionnelle.

---

1. Notes, commentaires et annexes, conçus et rédigés par Pierre Haski, n'engagent que sa responsabilité.

La lettre de Ma Yan, traduite ci-contre.

« Je veux étudier »

Nous avons une semaine de vacances. Maman me prend à part : « Mon enfant, j'ai une chose à te dire. » Je lui réponds : « Maman, si tu as quelque chose à dire, vas-y ! Il ne faut surtout pas le garder sur le cœur… » Mais ses premiers mots m'anéantissent : « Je crains que ce ne soit la dernière fois que tu vas à l'école. » J'ouvre de grands yeux, je la regarde et lui demande : « Comment peux-tu dire une chose pareille ? De nos jours, on ne peut pas vivre sans étudier. Même un paysan a besoin de connaissances pour cultiver sa terre ; sinon, il n'obtient pas de récoltes. »

Maman insiste : « Tes frères et toi, vous êtes trois à aller à l'école. Seul votre père travaille, au loin. Ça ne suffit pas. » Je lui demande, avec l'angoisse au cœur : « Est-ce que cela signifie que je dois rentrer à la maison ? » « Oui », me répond-elle. « Et mes deux frères ? » « Tes deux frères peuvent continuer leurs études. » Je m'insurge : « Pourquoi les garçons peuvent-ils étudier, et pas les filles ? » Elle a un sourire fatigué : « Tu es encore petite… Quand tu seras grande, tu comprendras. »

Cette année, plus d'argent pour l'école. Je suis de retour à la maison, et je cultive la terre, pour subvenir aux études de mes deux jeunes frères. Quand je repense aux rires de l'école, j'ai presque l'impression d'y être encore. Comme je désire étudier ! Mais ma famille n'a pas d'argent.

Je veux étudier, maman, je ne veux pas rentrer à la maison ! Comme ce serait magnifique si je pouvais rester éternellement à l'école !

Ma Yan,
2 mai 2001.

Première partie

Ma Yan chez le photographe public de Yuwang.
En toile de fond, la plage qui manque au Ningxia.

Samedi 2 septembre [2000][1].
Il ne fait pas très sombre.

Comme chaque matin, je me lave d'abord le visage, puis je me brosse les dents[2]. Bientôt retentit la sonnerie qui annonce le début des cours. Nous entrons en classe. Un professeur arrive. Il est habillé d'une veste bleue avec un pantalon noir, et il porte des chaussures de cuir noir. Il nous explique ce qu'il attend de nous. Je crois comprendre qu'il sera notre professeur de chinois.

Un second enseignant fait son apparition. Il nous demande de ne jamais prendre les affaires des autres, et de bien penser à ce que nous disons. Il commence alors la leçon. Puis il nous donne des exercices à faire, et sort. Nous faisons le travail qu'il nous a demandé, et la classe se termine.

Nous allons prendre nos repas. Bai Xiaohua, de la classe trois, cinquième année, apporte un seau plein d'eau. Nous nous lavons le visage et la tête, puis nous nettoyons le dortoir. Bai Xiaohua arrose le sol, Yang

---

1. Les dates employées ici sont celles du calendrier officiel chinois, qui régit notamment le cycle scolaire. Celui-ci, comme la Chine urbaine, se réfère au calendrier grégorien, alors que la tradition chinoise et le monde rural utilisent encore le calendrier lunaire (*voir note de la page 82*).

2. Ma Yan, qui a treize ans, est en cinquième et dernière année de l'école primaire. Son journal s'interrompt le 13 décembre 2001, alors qu'elle est en première année de collège et qu'elle a quatorze ans.

Ma Yan a commencé l'école à l'âge de huit ans, un an après la plupart des autres élèves. Jusque-là, elle aidait sa mère dans les tâches domestiques et aux champs. Elle a passé ses quatre premières années à l'école de son village de Zhang Jia Shu. Pour cette cinquième année, elle va à l'école primaire Hui de Yuwang, à vingt kilomètres de là. Elle est donc maintenant interne. Afin de se procurer ses livres de classe et se familiariser avec les lieux, elle est arrivée une semaine avant la rentrée.

Haiyan dépoussière les lits. Ma[1] Yuehua et moi balayons le sol. Ma Juan est sortie, je ne sais où, au lieu de nous aider. Après ce ménage, nous restons assises pour nous reposer un moment, jusqu'à ce que la sonnerie retentisse de nouveau.

---

1. Le patronyme Ma est très répandu parmi les musulmans Hui chinois.

Dimanche 3 septembre. Il fait beau.

Ce matin, pendant que j'étais occupée à travailler en classe, mon père et ma mère m'ont rendu visite. Ils sont venus à Yuwang[1] pour une foire. Avant de s'en retourner, ils m'ont recommandé : « Il faut que tu travailles bien, pour être reçue au collège des filles[2]. » Aussitôt après, ils sont repartis.

1. Rappelons que Zhang Jia Shu, le village de Ma Yan, est rattaché à la commune de Yuwang, où se trouve l'école primaire de Ma Yan et où se tient un marché important.

2. Le collège des filles de Tongxin est le meilleur établissement du district, meilleur que le collège de Yuwang, où se retrouvera finalement Ma Yan l'année suivante.

La famille de Ma Yan

Le père et la mère de Ma Yan sont très différents l'un de l'autre. Très grand, coiffure au bol, taciturne et renfermé, Ma Dongji, le père, est issu d'une famille très pauvre : son père était lui-même un fils de mendiant, vendu à un propriétaire terrien de Zhang Jia Shu dans les années 1930. Volubile et volontiers souriante, de longs cheveux cachés sous la coiffe blanche des musulmans chinois, Bai Juhua, la mère de Ma Yan, vient pour sa part d'une famille plus aisée vivant dans un autre village, situé à trente-cinq kilomètres de là.

Comme la plupart des mariages ruraux, selon une tradition encore observée aujourd'hui, leur union fut arrangée par une tante déjà mariée à Zhang Jia Shu. Elle avait seize ans, lui vingt-trois. Elle raconte : « Ma Dongji revenait de l'armée, il était grand et beau. Moi, je n'en voulais pas. Ma mère me disait : "S'il a fait l'armée, c'est que les communistes l'aiment. Moi aussi. Pourquoi pas toi ?" »

Bai Juhua, privée d'école et destinée à être mariée très jeune, se plia à la volonté familiale, il pouvait difficilement en être autrement à l'époque. Elle fit donc, juchée sur un tracteur, les trente-cinq kilomètres qui la séparaient de sa belle-famille, à laquelle elle était désormais rattachée.

Ma Dongji et Bai Juhua ont eu trois enfants : Ma Yan, l'aînée, âgée de treize ans en 2000, et deux garçons, Ma Yichao, onze ans, et Ma Yiting, neuf ans, cette même année.

Lundi 4 septembre. Petite pluie.

Cet après-midi, un professeur nous montre des exercices de gymnastique. Si nous n'y arrivons pas, il faut sortir du rang, et chanter ou danser. Puis nous devons recommencer, jusqu'à ce que nous ayons réussi tous les exercices. Quelques camarades, filles et garçons, y sont finalement parvenus, et le professeur les félicite : « Ceux qui ont bien appris peuvent retourner en classe. » Nous sommes finalement tous rentrés.

Mardi 5 septembre. Il fait beau.

Cet après-midi, la professeur de musique, une femme de vingt ans portant une tresse longue de plus d'un mètre, nous enseigne la *Chanson de la marche à pied*. Elle est notre seul professeur femme. D'abord, elle chante avec nous, plusieurs fois, puis nous laisse chanter en chœur. À la fin, elle désigne un camarade pour chanter, et un autre pour danser en l'accompagnant. Et c'est chacun son tour, rang par rang. Nous n'en sommes qu'à la troisième rangée quand la sonnerie met fin au cours.

Mercredi 6 septembre. Il fait sombre.

Cet après-midi, notre professeur de chinois nous donne un exercice à rédiger dans notre cahier. Deux garçons se disputent un crayon[1], comme cela arrive souvent. Avant même que nous ne réalisions ce qui se passe, le professeur les frappe[2]. Je ne peux m'empêcher d'en être très contente, dans mon cœur : ces deux-là sont les plus méchants de la classe.

---

1. Chaque élève doit acheter son matériel scolaire, l'école ne fournissant absolument rien.

2. Le châtiment corporel reste une pratique largement répandue dans cette école, comme dans beaucoup de zones rurales, alors qu'il est en principe interdit. Le professeur frappe très fort les élèves sur la nuque, nous a expliqué l'écolière. D'autres professeurs utilisent une règle ou une baguette rigide pour frapper leurs élèves, filles comprises. Une fois, raconte Ma Yan, un enfant a eu un morceau d'oreille arraché. Il n'y a aucun recours, ni pour les élèves, ni pour les parents.

Une partie du problème tient sans doute à l'absence de formation des enseignants, dont une grande majorité, dans les zones rurales, n'a pas les qualifications requises pour ce métier. Les autorités tentent progressivement d'élever le niveau des professeurs, mais c'est un processus lent, qui pâtit du manque de moyens mobilisés.

Jeudi 7 septembre. Il fait beau.

Ce matin, cours de chinois. Le professeur écrit quelques questions au tableau noir, et il nous demande d'y répondre : il s'agit de résumer un texte. Il nous explique que, si nous ne connaissons pas tous les mots, nous pouvons chercher dans le dictionnaire. J'en emprunte un à une camarade, car mon père ne m'en a pas acheté[1]. J'étais si occupée à le consulter que j'en ai oublié de noter les questions, qui ont été effacées. Je demande à ma tante Ma Shiping de me prêter son cahier pour les recopier, mais elle refuse. Elle croit que c'est un examen, et elle a peur que je ne sois la première de la classe !

C'est un détail, mais cette histoire m'aide à comprendre que je ne peux compter sur personne.

---

1. L'école ne dispose d'aucune bibliothèque ni du moindre outil pédagogique à destination des élèves.

La « tante » de Ma Yan

La famille de Ma Yan est très étendue. Outre ses grands-parents paternels, le village de Zhang Jia Shu abrite les familles des quatre frères de son père, que Ma Yan appelle selon leur rang chronologique : « premier oncle », « deuxième oncle »... Cette désignation étant partagée par l'ensemble du cercle familial, il y a cinq « oncles » : le père de Ma Yan est inclus dans ce compte. Le journal, ainsi, fait souvent mention du cinquième oncle, le plus jeune des frères.

Ma Shiping, que Ma Yan décrit comme sa « tante », est en fait sa grande cousine au deuxième degré. Elle est la cousine germaine de la mère de Ma Yan. Elle a deux ans de plus que cette dernière, et leurs rapports, souvent orageux, sont empreints d'admiration et de jalousie réciproques. Malgré une forte personnalité et de bons résultats, Ma Shiping a dû arrêter l'école à l'issue de cette cinquième année d'école primaire. Cette jeune fille, septième de dix enfants, se consacre désormais aux travaux domestiques et des champs, en attendant d'être mariée.

Vendredi 8 septembre. Il fait beau.

Ce matin, pendant le cours, le professeur de chinois nous a enseigné que, dans la vie, un homme doit agir selon deux principes : ses valeurs et sa dignité. Ainsi, les autres le respecteront.

À la fin du cours, il nous recommande de faire attention sur la route quand nous rentrerons à la maison. Ceux qui ont de l'argent peuvent rentrer en tracteur pour un yuan. Nous, qui n'en avons pas, nous devons marcher. Mais il ne faut surtout pas traîner.

La route du collège, longue et dangereuse.

Le chemin de l'école

Le vendredi midi, à la fin des cours, Ma Yan reprend le chemin de son village, situé à vingt kilomètres de son école. Les tracteurs à remorque qui jouent le rôle de taxi sur cette piste de campagne coûtent un yuan : trop cher pour elle. Qu'il neige, qu'il pleuve ou qu'il fasse trop chaud, Ma Yan et son frère Ma Yichao, qui est dans la même classe qu'elle, empruntent à pied cette piste poussiéreuse qui sillonne la campagne vallonnée. Une succession de longues lignes droites monotones bordées de champs, d'inquiétants paysages ravinés, des montées et des descentes à pic, des crevasses entre deux collines… En quatre heures d'un pas rapide, ou cinq heures en s'attardant, les écoliers traversent toutes sortes de paysages, mais bien peu d'endroits habités. Il n'y a guère d'abri non plus en cas d'intempéries, et c'est souvent trempés par la pluie, les pieds gonflés, ou transis par le vent glacial que les enfants parviennent chez eux. Même dans la neige ou la boue, Ma Yan ne porte que des chaussures en toile confectionnées par sa mère, qui prennent rapidement l'eau.

Cette route leur réserve également de mauvaises rencontres (*voir page 52*).

Samedi 9 septembre. Il fait beau.

Ce matin, pendant que nous regardons un feuilleton télévisé[1], mes petits frères, qui s'amusent dehors, crient : « Notre grand-mère maternelle est arrivée ! » Aussitôt, le visage de ma mère s'illumine. Je rejoins mes frères pour jouer à l'extérieur. Nous sautons à la corde, et nous nous lançons avec le pied un petit sachet rempli de sable. Ma grand-mère et ma mère restent seules dans la maison. Je ne sais pas de quoi elles parlent, mais elles rient drôlement !

---

1. Au village, on peut capter deux chaînes : CCTV1, la première chaîne nationale, et la première chaîne régionale. Le téléviseur familial, noir et blanc, a été acheté d'occasion 400 yuans, au retour d'une période de travail des parents de Ma Yan à l'extérieur du village.

Les grands-parents maternels de Ma Yan

La famille de la mère de Ma Yan vit dans un autre village situé à trente-cinq kilomètres de Zhang Jia Shu, dans les montagnes au nord de Yuwang. Elle est beaucoup plus « riche » que celle du père, avec 100 *mu* (un mu = un quinzième d'hectare) de terre, s'étant apparemment bien débrouillée au moment de la redistribution des terres au début des années 1980. « On avait plus à manger à la maison », se souvient Bai Juhua, la mère de Ma Yan, qui ajoute : « Quand j'ai vu la maison du père de mon mari, sombre, petite, mal entretenue, je me suis demandé comment un ancien combattant de Corée pouvait vivre aussi mal. Je me suis étonnée qu'il ait une vie aussi difficile. »

Elle se souvient aussi de l'hostilité des gens de Zhang Jia Shu, qui méprisaient sa belle-famille : « Des gens nuls, me disaient-ils. Comment expliquer autrement que le père, comme le fils, ne trouve pas de travail après avoir fait l'armée ? On me conseillait de divorcer et de partir. » Elle resta, et devint le pilier de la famille.

Les grands-parents maternels de Ma Yan critiquent beaucoup la branche paternelle, et ne viennent quasiment jamais voir leur fille chez elle. « Ils nous font très peu de cadeaux, note également Ma Yan. Parfois des pommes, des poires ou des pêches »... Cette rivalité entre les deux familles est un motif essentiel dans le désir de Ma Yan d'étudier : elle veut à tout prix que l'on cesse de mépriser son père et souhaite prouver que sa descendance peut réussir.

Dimanche 10 septembre. Il y a du vent.

Ce matin, ma grand-mère et mes parents sont partis pour la foire de Yuwang, quand je dormais encore. Mes petits frères Ma Yichao et Ma Yiting[1] ont tout mis sens dessus dessous dans la pièce. Je suis très en colère. Mais que faire ?

---

1. Malgré la politique de l'enfant unique, en vigueur en Chine depuis deux décennies, les paysans peuvent avoir deux enfants si l'aîné est une fille, trois s'ils appartiennent à une minorité nationale, ce qui est le cas de la famille de Ma Yan. Le nombre d'enfants est un facteur de pauvreté de la région, car les familles partagent leurs terres entre les fils. En revanche, dans les villages de l'ethnie dominante Han (*voir page 46*), le nombre d'enfants est plus réduit, et donc les parcelles plus grandes. Un officiel Han à qui nous parlions de la pauvreté des villages Hui nous a rétorqué : « Ils n'ont qu'à respecter le planning familial, ça irait déjà mieux pour eux »...

La maison de Ma Yan

Le seul bien de la famille de Ma Yan est cette petite maison en brique de Zhang Jia Shu, qu'elle a elle-même construite. Elle est constituée d'une grande pièce unique dont près de la moitié est occupée par le *kang*, ce vaste lit traditionnel cimenté recouvert d'une couverture, chauffé par en dessous, sur lequel dort, mange et vit ensemble toute la famille.

Sur les murs recouverts de chaux blanche, en guise de décoration, les diplômes de fin d'année scolaire de Ma Yan et de son frère Ma Yichao, objets de fierté de leurs parents illettrés, et, au-dessus d'une commode rudimentaire, deux cadres contenant des photos de famille. Seul luxe de la maison : un vieux téléviseur noir et blanc acheté d'occasion. Une autre pièce adjacente sert de cuisine et de réserve. Devant la maison, un petit jardin potager et un coin pour les animaux : des poules, un âne, et quelques moutons.

La maison familiale.

Lundi 11 septembre. Il fait beau.

Cet après-midi, ma tante Ma Shiping vient nous chercher, mon frère Ma Yichao, qui est dans la même classe que nous, et moi, pour retourner à l'école à Yuwang. Avant de nous laisser partir, maman nous arrête pour nous prévenir : « Vous devez travailler dur. Même si je dois, moi, m'épuiser au travail, je vous paierai vos études. À condition que vous ayez de bons résultats. »

Ces propos de maman me serrent le cœur. Je comprends que tout ce que fait ma mère, c'est pour nous. Je comprends que nous sommes son seul espoir. Rien d'autre que nous ne compte. Je dois bien étudier pour apporter ma contribution au pays, et à mon peuple, plus tard. C'est mon but, c'est mon espoir.

Une pauvreté endémique

Yuwang fait partie du cône sud du Ningxia, organisé autour du triangle de Xi Hai Gu (du nom des districts de Xiji, Haiyuan, Guyuan), l'une des régions les plus pauvres de Chine. Xi Hai Gu, c'est le pays de la soif : le manque d'eau désormais chronique a conduit le gouvernement à décréter cet endroit impropre à la vie humaine. Pourtant, trois millions de personnes, la moitié de la population de la province, vivent toujours dans cette partie du pays, en majorité des Hui mais aussi des membres de l'ethnie dominante Han[1], alors que la vie quotidienne est une lutte constante pour la survie.

Le revenu annuel des habitants du village de Ma Yan : environ 400 yuans – une misère, comparés aux plus de 6 000 yuans du revenu moyen chinois, et plus encore aux 33 000 yuans de Shanghai. Même les miettes du développement fulgurant des grandes villes chinoises ne sont pas parvenues jusqu'ici. Ce Far West-là est généralement oublié par les riches et lointains décideurs du pouvoir central : trop petit, trop loin, trop sage... Comme dans les temps anciens des empires déchus.

1. Les Han sont l'ethnie dominante du peuplement chinois. Ils tirent leur nom d'une dynastie qui a régné sur la Chine peu après la création de l'empire unifié il y a plus de deux mille deux cents ans. Comme le souligne le sociologue Claude Larre (*Les Chinois*, Paris, Éditions Ph. Anzou, 1988), « il ne s'agit plus maintenant d'un groupe homogène, il s'agit de tous les Chinois qui ne sont pas rattachés aux quatre autres groupes » constitutifs de l'entité chinoise : les Man, les Meng, les Hui et les Zang (ou Tibétains).

Mardi 12 septembre. Il fait beau.

Cet après-midi, je suis sortie de l'école avec quelques camarades pour faire des courses. Ce sont des enfants riches : elles grignotent une friandise par-ci, une autre par-là. Je les regarde, mais moi, je ne peux rien acheter. Même un chewing-gum coûte plus de dix fens[1] : comment pourrais-je me l'offrir ?

Je réalise tout d'un coup pourquoi maman ne se soigne pas[2]. C'est pour que nous puissions continuer à étudier. L'école, ça coûte d'un seul coup des dizaines de yuans[3]. D'où vient cet argent ? Il vient du labeur et de la sueur de mes parents. Papa et maman sont prêts à tout sacrifier pour que nous allions à l'école. Je dois absolument bien travailler, pour entrer à l'université plus tard. Alors, je trouverai un bon travail, et papa et maman auront enfin une vie heureuse.

---

1. Le yuan compte 100 fens. Un euro vaut environ 10 yuans ou 100 fens.

2. La mère de Ma Yan souffre de fortes douleurs au ventre et crache du sang. Nous apprendrons plus tard, en l'emmenant à l'hôpital de Yinchuan, la capitale de la région autonome du Ningxia, qu'elle traîne depuis des années un ulcère à l'estomac.

3. Outre les frais d'inscription et d'achat des livres (près de 200 yuans par semestre), les internes doivent apporter en début de semestre le riz qui leur est servi quotidiennement, ce qui double le coût des études.

Les riches

Ceux que Ma Yan appelle « les riches » sont plutôt des enfants de la commune de Yuwang que ceux des villages des environs. Leurs parents sont fonctionnaires, cadres ou commerçants, des professions qui garantissent un certain revenu et un statut social plus élevé que celui des paysans. Ma Yan décrit ces enfants qui ont une vraie garde-robe quand elle n'a pas un seul vêtement de rechange, de l'argent de poche alors qu'elle ne peut même pas se payer de légumes pour accompagner son riz à la cantine de l'école. Les enfants prennent très vite conscience de ces différences, même si, par rapport au monde urbain chinois, ils se trouvent ensemble au plus bas de l'échelle sociale.

Mercredi 13 septembre. Il fait beau.

Cet après-midi, après l'école, mon frère Ma Yichao et moi allons chercher notre mère. Nous la retrouvons auprès d'un médecin installé dans la rue principale de Yuwang. Je veux repartir tout de suite à l'école pour travailler : je dois juste acheter du shampoing. Mais maman nous empêche de partir. Elle nous promet que, quand elle en aura fini avec le médecin, elle nous achètera quelque chose à manger.

Tous les trois, nous arrivons au marché. Maman nous achète de quoi dîner, mais elle, elle ne mange pas. Mon frère et moi sommes les seuls à manger. Je vois bien qu'elle a faim et soif. Et je sais que, si elle jeûne ainsi, c'est pour nous permettre de vivre, et de travailler.

Je dois à tout prix réussir pour arriver jusqu'au concours d'entrée à l'université, trouver un travail pour que maman mange à sa faim et mène une vie heureuse.

En fait de médecin, la mère de Ma Yan a fait confiance à un individu venu de la province côtière du Fujian, qui pratiquait l'acupuncture dans la rue, assis sur un tabouret. Elle a payé cinquante yuans pour dix séances qui devaient la soulager de ses fortes douleurs à l'estomac, mais l'homme a disparu après la troisième séance et n'a jamais été revu à Yuwang.

La prolifération de ce genre de charlatans tient au fait que le système de santé publique est de plus en plus inaccessible aux plus pauvres : les soins et les médicaments sont devenus payants alors qu'autrefois le système des « médecins aux pieds nus » de l'ère maoïste garantissait à tous des soins rudimentaires mais gratuits. Selon le ministère de la Santé, 36 % des paysans malades ne se font pas soigner, et 61 % des patients quittent l'hôpital avant la fin du traitement, faute de moyens financiers. À l'hôpital de Yinchuan, où nous emmenons Bai Juhua pour soigner ses douleurs, la consultation et le traitement de ce qui se révèle être un ulcère coûtent trois cents yuans. Le gouvernement a annoncé en 2002 la création d'une couverture médicale de base pour tous les Chinois d'ici à... 2010, mais le financement de ce plan ambitieux est loin d'être assuré. « L'importante population rurale chinoise ne devrait plus être privée des soins médicaux de base par manque de moyens. Des propositions innovantes pour trouver les fonds et une forte volonté politique d'y parvenir sont nécessaires pour mettre fin à ses souffrances », estime le grand quotidien *South China Morning Post* de Hong-Kong dans son édition du 12 juin 2002.

Jeudi 14 septembre. Il fait beau.

Au cours de mathématiques, ce matin, le professeur m'a demandé de distribuer les cahiers d'exercices, et de ramasser les cahiers de devoirs simultanés[1]. Trente-sept en tout. Il ne faut pas qu'il en manque un. Je ne veux pas être chef de maths[2]. Mais je ne peux pas refuser : il ne faut pas que je déçoive le professeur. Je dois continuer à tout faire pour remporter la victoire finale[3].

---

1. Les cahiers d'exercices sont de simples cahiers vierges, où l'élève récapitule les cours et où le professeur teste les connaissances acquises. Dans les cahiers de devoirs simultanés, qui sont imprimés, l'élève doit remplir les cases laissées en blanc : il s'agit généralement d'opérations mathématiques ou de phrases à compléter en chinois. Les exercices sont dits « simultanés » car ils vont en parallèle avec le livre de cours.

2. Dans les classes chinoises, il y a un élève-chef pour chaque matière, chargé d'assurer la liaison entre le professeur et les élèves, de faire régner la discipline ou, en l'occurrence, de ramasser ou distribuer les devoirs. Théoriquement choisis par les élèves eux-mêmes, les chefs sont souvent désignés par les enseignants, selon Ma Yan.

3. Ma Yan, comme tous les enfants, est imprégnée de slogans répétés chez les Pionniers, mouvement pour la jeunesse du Parti communiste, qui continue d'encadrer les écoliers et lycéens, et aux cours obligatoires de politique. Paradoxalement, ces clichés survivent dans l'enseignement alors qu'ils ont perdu leur sens dans une société de plus en plus éloignée de l'idéologie.

Vendredi 15 septembre. Il fait beau.

À onze heures du matin, après le dernier cours de la journée, nous quittons l'école et rentrons à la maison pour le week-end. Les cours s'arrêtent en fin de matinée pour nous permettre de faire le chemin vers nos villages. Nous sommes sept garçons et filles. Deux camarades, Ma Yuehua et Ma Juan, prennent un tracteur à un yuan. Nous, les cinq autres, dont mon petit frère Ma Yichao et ma tante Ma Shiping, nous allons à pied.

Sur cette piste, j'ai toujours très peur. Les ravins qui la bordent sont profonds, les montagnes sont escarpées. Parfois, des voleurs[1] nous arrêtent pour nous demander de l'argent.

---

1. Selon Ma Yan, il s'agit souvent de jeunes des autres villages qui tentent de rançonner les écoliers sur le chemin du retour. Une fois, raconte-t-elle, cinq adolescents plus âgés leur ont barré la route pour leur réclamer du pain, de l'argent et leurs sacs. Les enfants s'en sont sortis en s'enfuyant chacun dans une direction. Une autre fois, son petit frère a été frappé et a dû donner ses affaires d'écolier, crayons et gommes...

Samedi 16 septembre. Il fait beau.

Ce matin, maman est allée à Yuwang pour le marché. Mais elle n'est pas plus tôt rentrée à la maison qu'elle nous crie dessus, mes frères et moi. Puis elle se met à préparer le repas : du riz et du chou salé[1]. Et quand nous avons fini de manger, elle entre dans la chambre, et elle pleure, elle pleure.

Je connais la raison de ses larmes : elle est malade, et elle est la seule à travailler aux champs. En ce moment, c'est la pleine période des récoltes, et en plus, maman doit s'occuper du petit bœuf qu'elle a acheté pour l'aider à labourer la terre[2]. Papa, lui, est allé chercher du travail à Huhhot, en Mongolie-Intérieure.

Si quelqu'un d'aussi courageux que maman pleure quand elle est malade, qu'allons-nous faire, nous ?

---

1. Dans la famille de Ma Yan, la viande est un luxe rare : il peut se passer plusieurs mois, voire un an, sans qu'on en serve, dit-elle.

2. Ce petit bœuf, acheté avec l'argent difficilement gagné par les parents de Ma Yan en travaillant à l'extérieur du village, a commencé à perdre son poil. « Je pleurais, s'il mourait, je perdais tout », explique Bai Juhua. Finalement, elle a pu le revendre, mais à perte.

Une jungle pour Ma Dongji

La terre ne suffisant pas à nourrir sa famille, le père de Ma Yan tente, comme des dizaines de millions de paysans chinois, de trouver du travail à l'extérieur. Il part plusieurs fois par an à Yinchuan, la capitale du Ningxia, à Huhhot, en Mongolie-Intérieure, dans le Gansu ou dans le Shanxi, deux autres provinces voisines, tenter sa chance sur des chantiers, entre les périodes de travaux aux champs. « On peut gagner jusqu'à quatre cents ou cinq cents yuans mais, bien souvent, les patrons ne paient pas », déplore-t-il. Le père, visiblement, n'est pas de taille à affronter cette jungle-là, dans laquelle les paysans comme lui sont des proies toutes désignées. Aussi préfère-t-il louer ses bras à d'autres agriculteurs du village, quand il y a des récoltes.

Ma Dongji, le père de Ma Yan.

Dimanche 17 septembre. Il fait sombre.

Cet après-midi, ma tante Ma Shiping, mon frère Ma Yichao et moi sommes repartis à l'école à Yuwang. Quand nous sommes arrivés, la porte du dortoir n'était pas encore ouverte. Nous avons attendu un bon moment avant que le gardien n'arrive.

Dès que nous avons pu entrer, Ma Shiping s'est mise à écrire son journal. Je lui demande en passant : « Tu as bientôt fini ? » Elle me répond : « Non, pas encore. Tout le monde ne peut pas faire aussi bien que toi, toi qui es si intelligente et si rapide ! »

Manifestement, elle a cru que je me moquais d'elle.

Je me demande, tout au fond de mon cœur, pourquoi tout le monde est mécontent de moi.

Lundi 18 septembre. Il y a du vent.

Cet après-midi, au cours de gymnastique, mon petit frère Ma Yichao, qui est dans la même classe que moi, ne s'est pas bien mis en rang. Le chef de classe et le chef de gym se sont précipités sur lui pour le battre. Le professeur les a laissés faire. Au fond de moi, je suis très en colère. Mais qu'y puis-je ? Ces deux garçons sont vraiment les plus méchants de la classe.

Je dois bien étudier et faire des progrès tous les jours pour entrer à l'université plus tard, et je deviendrai policière[1]. Et si ces garçons enfreignent la loi, même un tout petit peu, je ne manquerai pas de les punir.

1. Ma Yan reconnaît qu'elle n'a vu de policiers qu'à la télévision, car il n'y en a pas dans son village. Mais avec un grand-père et un père qui ont porté l'uniforme militaire, cet attrait pour les forces de l'ordre, doublé d'une envie de servir la communauté, n'est pas étonnant.

Mardi 19 septembre. Il fait beau.

Cet après-midi, nous avons cours de musique. Ma Shengliang, Ma Xiaoping et mon frère Ma Yichao ont oublié leur livre. La professeur les gronde : « Vous êtes vraiment bêtes. Vous venez travailler, et vous n'avez même pas vos livres ! » Puis elle commande aux deux premiers de sortir et leur ordonne, comme punition, de rester immobiles au soleil. Alors, seulement, elle commence son cours.

Mercredi 20 septembre. Il fait sombre.

Cet après-midi, le professeur de sciences naturelles, Chen, nous fait un cours sur la nature. Ma Fulong bavarde et dit des bêtises, au fond de la classe. Le professeur le tire par le col pour le mettre debout et lui ordonne de rester comme ça. Certains camarades disent que le professeur est très méchant, d'autres pensent qu'il a bien fait, qu'on ne doit pas bavarder en classe. Je crois, moi, que le professeur a raison, parce que, sur le chemin de notre vie future, nous devons nous engager sur la bonne voie, et non sur une voie erronée.

Jeudi 21 septembre. Il fait beau.

Cet après-midi, après les cours, le chef de classe nous ordonne d'aller chercher le repas à la cuisine. Nous avons pris du riz, mais je n'ai pas de légumes. Je veux en emprunter un peu à ma tante Ma Shiping, mais elle verse toute sa ration de pommes de terre dans son bol de riz, et me répond qu'elle n'en a plus. « Ce n'est pas grave », lui dis-je. Je demande des légumes à la camarade Ma Yuehua : elle bredouille bien quelques mots de mécontentement, mais elle est plus gentille que ma parente, Ma Shiping, et m'en donne un peu.

Je comprends qu'on ne peut compter sur personne de sa famille. Si quelqu'un, en dehors des tiens, t'emprunte quelque chose, il se souviendra de ton bon geste. Mais si c'est un membre de la famille, il ne voudra rien te prêter, peu importe que tu sois triste ou non, ce n'est pas son problème. J'ai enfin saisi ce que sont les rapports entre les gens : chacun rembourse ses dettes aux autres.

La nourriture à l'école

Deux fois par an, en début de semestre, les élèves doivent apporter à l'école un sac de 25 kilos de riz. Pour leur déjeuner, le riz est cuit dans de grands chaudrons. Ce sont des femmes qui font la cuisine dans un des bâtiments de l'ensemble scolaire. Chaque élève reçoit un bol de riz, qu'il retourne manger dans son dortoir. S'il veut une cuillerée de légumes en plus, généralement des pommes de terre, il doit payer dix fens (un centime d'euro). Il n'y a jamais de viande. L'école ne leur sert aucun autre repas, ni petit déjeuner, ni dîner.
Ma Yan, elle, ne mange rien le matin, se contente bien souvent d'un simple bol de riz à midi, n'ayant pas d'argent pour des légumes, et dîne d'un petit pain à la vapeur préparé par sa mère, qu'elle conserve dans une boîte.
Lorsqu'ils ont un peu d'argent, les écoliers peuvent sortir de leur établissement et acheter à manger dans les rues de Yuwang. Mais Ma Yan n'a qu'un yuan par semaine d'argent de poche, et préfère l'employer à l'achat d'un crayon ou d'un cahier. Il n'y a guère que le week-end, une fois rentrée chez elle, que Ma Yan mange un peu plus à sa faim.

Vendredi 22 septembre. Il fait beau.

Nous sommes rentrés à la maison cet après-midi, après la fin des cours. Après dîner, maman nous demande de nous rendre dans nos champs de sarrasin[1], pour rapporter les bottes déjà coupées. Je ne pouvais vraiment plus marcher, mais maman nous a contraints à y aller. Elle a déjà récolté tant de céréales, elle-même, comment pourrions-nous refuser de l'aider, surtout en l'absence de papa, parti travailler en Mongolie-Intérieure ?

C'est pour nous nourrir et nous habiller que maman travaille aussi dur. Sinon, elle n'avait pas besoin de récolter le sarrasin ! Elle a raison de nous le demander, et il est normal que nous participions nous aussi. Sinon, comment pourrions-nous mériter toute la peine qu'elle se donne ? Elle s'échine pour que nous ayons un avenir plus heureux. Elle s'épuise pour nous trouver à manger, quand il n'y a plus rien, et elle s'épuise encore, sans profiter de la vie. Elle ne veut pas que nous ayons la même existence. C'est pourquoi nous devons bien étudier pour avoir une vie heureuse. Pas une vie comme la sienne.

1. Le sarrasin est planté entre deux récoltes de blé car il pousse très vite, en deux mois.

Les travaux des champs

Les enfants participent à tous les travaux des champs (*voir page 73*) lorsqu'ils ne sont pas à l'école, aident à la récolte des céréales, nourrissent les animaux, vont chercher l'eau au puits... Les Ma, comme la plupart des paysans pauvres du coin, labourent à la force humaine, parfois avec l'aide d'un âne ou d'un petit bœuf, et n'ont quasiment pas accès aux engrais ou aux pesticides. Seuls « les riches » disposent d'un tracteur, d'une valeur moyenne de 6 000 yuans. Leurs propriétaires ont généralement gagné leur argent en travaillant dans les villes ou en faisant le commerce de fa cai. La récolte se fait à la faucille. Le rendement s'en ressent : cinquante kilos de céréales par mu (un quinzième d'hectare) les bonnes années, moitié moins les mauvaises, pour sept kilos de semences. « Les années sans pluie, on espère au moins récupérer les semences pour replanter », explique le père.
La famille de Ma Yan ne possède que huit mu, dont deux sont consacrés à la maison, et six aux cultures, surface insuffisante pour en vivre.

Samedi 23 septembre. Il fait beau.

Ce matin, je suis en train de rédiger mes devoirs, quand maman m'interrompt : « Viens, nous allons battre les récoltes sur l'aire de séchage[1]. » Ma grande sœur Ma Yimei, ma petite sœur Ma Yifang[2], mes petits frères Ma Yichao et Ma Yiting, ma mère et moi, nous travaillons tous ensemble sur le vaste terrain situé devant notre maison.

Soudain, le fils de Yang Dangqi arrive au volant de son tracteur plein de sarrasin, et il décharge sa récolte juste devant notre porte. Maman lui demande de partir, mais il s'en moque. Elle répète une deuxième fois, il ne répond toujours pas. Elle est très en colère et le traite de tous les noms. Dans mon cœur, je pense que c'est un sans-gêne : il prend la place sur l'aire de battage des autres, en prétendant que le terrain est au premier occupant. Et nous pouvons bien protester !

De nos jours, y compris pour mendier, il faut étudier ! Rien ne va si l'on n'étudie pas ! Dans les grandes villes, même pour aller aux toilettes, il faut savoir lire.

---

1. Les bottes de sarrasin sont déposées sur une surface plate, et écrasées à l'aide d'une grosse pierre afin d'en faire sortir les grains.

2. Ce sont en fait les cousines de Ma Yan.

Dimanche 24 septembre. Il fait beau.

Cet après-midi, sur le chemin de l'école, nous rencontrons un homme qui tire un bœuf, accompagné d'un autre, qui tient sa veste à la main. Ils nous racontent leur enfance : quand ils allaient à l'école, des bergers leur barraient la route, au détour du chemin, pour quémander du pain. Ils nous demandent s'il y a encore des gens qui nous barrent la route. « Moins qu'avant », répondons-nous. « Vous avez vraiment de la chance ! » concluent-ils.

Les méthodes agricoles sont restées traditionnelles.

Lundi 25 septembre. Il fait sombre.

À midi, au cours d'histoire, le professeur nous pose plusieurs questions. Je ne connais aucune des réponses. Heureusement, il ne m'a pas désignée. Il a juste interrogé mon jeune frère Ma Yichao, ainsi que deux autres élèves, Li Xiaolong et Bai Ping, mais ils ignoraient eux aussi les réponses. Seule ma tante Ma Shiping, grande et fière, avec sa natte, a bien répondu. Le professeur lui a fait des compliments. Je l'admire dans mon cœur : elle est si intelligente !

Mardi 26 septembre. Il fait sombre.

Cet après-midi, cours de musique. Après la classe, la professeur organise des jeux avec nous : nous jouons à colin-maillard, et celui qui est pris doit chanter et danser. Le premier groupe fait un numéro de chant et de danse, puis vient le tour du deuxième groupe. « Lequel des deux est le meilleur ? » nous demande alors la professeur de musique. Tous les camarades s'empressent de dire que c'est le deuxième groupe. Mon cœur les trouve vraiment remarquables ! Je dois prendre exemple sur ces filles, et avoir de bonnes notes à tous les cours, y compris celui de musique.

Mercredi 27 septembre. Il fait beau.

Cet après-midi, nous avons regagné le dortoir[1] après les cours. J'ai vu que Ma Yuehua était en train d'écrire. La chef de dortoir, Ma Jing, lui demande de nettoyer le sol. « Je le ferai après mon travail », répond-elle sans lever le nez. La chef de dortoir ne cède pas, elle exige que Ma Yuehua nettoie tout de suite. Sinon, elle fera un rapport au professeur. Ma Yuehua en pleure de rage.

Jeudi 28 septembre. Il fait sombre.

Cet après-midi, ma tante Ma Shiping, Li Qing et moi allons à Yuwang pour acheter du pain. Nous arrivons dans une première boulangerie où le pain est très petit : nous n'avons rien acheté. Nous en trouvons une deuxième où nous décidons d'entrer. Je demande : « Donnez-moi un morceau du pain et un beignet torsadé. » Le vendeur me les tend. Au moment où je quitte la boulangerie, il fait une plaisanterie dans mon dos. Est-ce parce que nous sommes des filles de la campagne, ou parce que nous avons mal prononcé le mot « pain » ? Je ne le saurai jamais.

1. La plupart des élèves de l'école, venus de villages trop difficiles d'accès, sont pensionnaires et ne rentrent chez eux que le week-end. Les dortoirs sont des pièces où il n'y a de place que pour les lits superposés des écoliers, dix par chambre pour cette cinquième année du primaire, seize par chambre l'année suivante, en première année de collège.

Le mépris des citadins

Dans la Chine actuelle, les paysans qui débarquent en ville sont objets de mépris pour les citadins. C'est surtout vrai dans les grandes métropoles comme Shanghai ou Pékin, mais aussi dans de gros bourgs ruraux comme Yuwang, dont les habitants reportent sur les villageois venus des environs l'ostracisme qu'ils subissent eux-mêmes ailleurs. On apprend très vite, dans les villes chinoises, à repérer le migrant venu de la campagne, à son teint un peu plus cuivré, à son regard peu rassuré, mais aussi au peu d'égard que lui témoignent la plupart des citadins, qui oublient généralement qu'ils ont, eux aussi, des racines rurales. Les accents régionaux contribuent à trahir l'origine des personnes, qui sont en butte aux railleries lorsque leur prononciation n'est pas « noble ».

Ma Yan dans la cour de son collège démuni.

Vendredi 29 septembre. Pluie fine

À midi, quand nous partons pour la maison après les cours, il fait très froid. De plus, il tombe une petite pluie[1]. Les autres filles de mon dortoir rentrent en tracteur. Il n'y a que mon frère et moi, et une autre élève, qui faisons le chemin ensemble à pied.

Nous arrivons à un endroit que l'eau a profondément raviné, nous ne pouvons pas passer. Mon frère met son pied sur une grosse pierre, saute, et franchit l'obstacle. Il me tire par la main, et je passe. À mon tour, je donne ma main à cette fille, et je la tire de notre côté. Nous remontons enfin la pente, hors de danger.

1. Le Ningxia a un climat continental, avec des hivers très rigoureux et longs, à partir du mois d'octobre, au cours desquels il neige et gèle plusieurs fois, et des étés très chauds, la température pouvant frôler les 40 °C. Il pleut normalement au printemps et à l'automne.

Samedi 30 septembre. Il fait sombre.

Ce matin, juste après avoir mangé un bol de riz jaune pour notre petit déjeuner, je me suis mise à lire *Le Voyage en Occident*[1], que m'a prêté une camarade de classe. J'entends tout à coup deux tracteurs qui montent le chemin vers notre maison. Les gens disent que ces deux tracteurs vont bien remblayer la piste. C'est une très bonne nouvelle. Parce que, quand ces travaux seront achevés, personne ne dira plus que nous « vivons sur l'île de Taiwan[2] ».

---

1. *Le Voyage en Occident* (*Xiyouji*) est l'un des grands romans classiques chinois connus de tous, avec *Le Rêve dans le pavillon Rouge*, *Au bord de l'eau* et *Le Roman des Trois Royaumes*. Datant du XVe siècle, *Le Voyage en Occident* raconte le périple d'un singe et d'un moine vers l'Inde, à la recherche des canons du bouddhisme, et les aventures de ce singe extraordinaire.

2. C'est une plaisanterie des villageois : avec l'affaissement de la piste, la maison de la famille de Ma Yan, située sur une petite colline, devenait de plus en plus éloignée, à l'image de l'île de Taiwan qui a pris ses distances à l'égard de la « mère patrie » chinoise.

Dimanche 1er octobre. Il fait beau.

Ce matin, jour de la fête nationale[1], il fait spécialement beau. Ma grand-mère maternelle, qui habite dans un autre village, au nord de Yuwang, est malade, et maman veut aller la voir. Mais un peu plus tard, elle change d'avis, et ne veut plus s'y rendre. Je lui demande :

« Pourquoi ne vas-tu pas voir grand-mère ?

– Demain, quand j'irai au marché à Yuwang, je passerai la voir », me répond-elle.

J'insiste.

« Pourquoi n'y vas-tu pas aujourd'hui ?

– J'irai quand j'aurai fait le ménage de la maison.

– Ne t'en fais pas, maman, dis-je pour la rassurer, je peux le faire, le ménage. Je suis grande, ne te fais pas de souci pour ça. »

Maman sourit : « Tu es vraiment grande ! » Elle est finalement partie sur un vélo emprunté à sa tante, avec mon jeune frère Ma Yiting assis sur le porte-bagages, pour rendre visite à ma grand-mère.

---

1. Anniversaire de la proclamation de la République populaire de Chine, le 1er octobre 1949, par Mao Zedong.

Lundi 2 octobre. Il fait beau.

Ce matin, les ouvriers réparent la piste avec les tracteurs. Ils ne savent pas où trouver de la terre pour remblayer, et la piste s'affaisse de plus en plus. Beaucoup de gens observent, de loin sur la colline, et rient. Je ne sais pas pourquoi ils rient. Ma cousine les entend et m'explique : « Ils se moquent, ils racontent que, quand cette piste sera terminée, vous habiterez complètement à Taiwan. »

Maman, en entendant cela, est très en colère. Elle demande aux ouvriers d'enlever la terre devant notre porte, de faire un grand chemin d'accès pour nous. « Dégagez la terre pour que nous puissions vivre ! » proteste-t-elle. Une fois la terre déblayée, il y en a qui commentent en riant : « Cette piste est vraiment bien faite. Quel rêve Ma Dongji a-t-il fait[1] ? »

Vraiment, les gens d'aujourd'hui laissent n'importe quoi s'échapper de leur bouche !

---

1. Ma Dongji, rappelons-le, est le père de Ma Yan. Il s'agit ici d'une allusion à la légende d'un paysan qui avait rêvé que la montagne devant sa maison serait un jour aplanie.

Mardi 3 octobre. Il fait beau.

Très tôt, ce matin, maman appelle mon jeune frère Ma Yichao pour qu'il prépare l'âne afin de l'aider à labourer. Maman marche devant, tandis que mon frère contrôle l'âne de derrière. Je vois toutes ces rides sur le visage de maman : n'a-t-elle pas vieilli ainsi pour assurer notre avenir, et remplir notre estomac ?

Ma Yan et sa mère, le soir de notre retour au village.

Perdre la face

La mère de Ma Yan, elle-même privée d'instruction, a surtout transmis à sa fille la volonté d'apprendre. Elle raconte, d'une voix douce, sans chercher à apitoyer : « Je n'ai fait qu'un an d'école. Je n'ai rien pu apprendre, seulement à danser et à chanter. Puis ma mère m'a ramenée à la maison. C'est pour cela que je veux que Ma Yan étudie. Sinon, son avenir sera noir. Si elle étudie, elle aura une belle situation, les gens la regarderont en levant la tête, pas en la baissant. »

Bai Juhua explique aussi que, dans le village, la tradition est toujours aux mariages arrangés pour les filles sans éducation, c'est-à-dire la majorité. « Pour ces filles-là, si elles trouvent un mari elles-mêmes, elles perdent la face », dit-elle. Perdre la face : on apprend vite, en Chine, que c'est pire que tout, et qu'on peut même en mourir... La mère raconte l'histoire d'un jeune homme et d'une jeune fille qui se sont rencontrés lors d'une expédition pour récolter le fa cai et se plaisaient bien. Mais la mère de la jeune fille lui a préféré un autre garçon et lui a dit : « Tu ne peux pas te moquer du fait de perdre la face. » Elle lui a imposé un garçon « qui louche », mais dont la famille a pu réunir 1 200 yuans en bijoux... Ainsi va la vie à la campagne.

Pour toutes ces raisons, Bai Juhua disait à sa fille qu'elle devait étudier « encore mieux que ses frères ». Incapable personnellement d'aider ses enfants dans leurs études, elle leur demandait néanmoins, lorsqu'ils revenaient de l'école primaire, d'écrire sur le sol de terre battue devant leur maison ce qu'ils avaient appris dans la journée. « Ni son père ni moi ne pouvons comprendre ce qu'elle étudie », admet-elle tristement.

Mercredi 4 octobre. Il fait beau.

Nous sommes toujours en vacances, à la maison, et je suis en train de faire mes devoirs. Ma tante Ma Shiping, qui est dans la même classe que moi, vient chez nous pour s'amuser. Elle, mon jeune frère Ma Yichao et moi, nous jouons à cache-cache. Je dis à ma camarade que, si elle parvient à m'attraper, je lui expliquerai le problème de maths. Elle me rétorque qu'elle connaît par cœur les mathématiques, et elle s'en va.

Je pense, au fond de moi, que je ne peux compter sur personne, sauf sur moi-même.

Jeudi 5 octobre. Il fait beau.

Ce matin, maman veut vanner du riz pour en retirer l'écorce. Quand elle ouvre les sacs, elle y voit des souris. Elle entre dans une violente colère, et nous gronde sévèrement. J'étais chargée de fermer la porte de la pièce où était entreposé le riz, et j'ai oublié, du coup les souris ont pu entrer. D'où la colère de maman.

Toute la famille, même les jeunes enfants, travaille aux champs.

Vendredi 6 octobre. Il fait beau.

Cet après-midi, maman, ma tante Ma Shiping, mes sœurs[1] et moi, discutons à la maison. Peu de temps après, ma tante, qui est à peine plus âgée que moi, me demande d'allumer le magnétophone pour danser. Je danse avec ma petite sœur. Au début, personne d'autre ne danse. À la fin, tout le monde se met à danser, et les visages rougissent d'excitation. C'est mon jour le plus heureux.

Samedi 7 octobre. Il fait sombre.

Cet après-midi, après avoir mangé, je commence à faire mes devoirs. J'entends mon petit frère Ma Yichao pleurer, allongé sur le lit. Je lui demande pourquoi il pleure : il n'a pas réussi à faire ses exercices simultanés. Dans son cahier, il faut remplir les espaces laissés en blanc. Je l'aide à le faire. Peu de temps après, je lui explique que je dois m'occuper du mien, qu'il termine lui-même le sien. Si je ne peux pas finir aujourd'hui, le professeur me critiquera et me battra…

Maman passe devant nous et me lance : « Tu es vraiment une petite sotte. » Je suis stupéfaite : pourquoi une pareille réprimande ? Aurais-je dit une bêtise ? Mon cœur est attristé. Pour son fils, on ne doit pas ménager ses efforts, et moi je n'ai qu'à me débrouiller.

Je me sens très seule. Je n'ai personne à qui parler.

1. Voir note 2, p. 61.

Le destin des filles

Cinquante ans de communisme n'y ont rien fait : malgré la citation de Mao affirmant que « les femmes sont la moitié du ciel », la Chine est très loin d'avoir réalisé l'égalité des sexes. C'est surtout vrai dans les campagnes les plus reculées, comme ce village du Ningxia, mais cela reste aussi valable dans les villes. Bai Juhua, la mère de Ma Yan, le reconnaît : si les enseignants de sa fille n'avaient pas insisté, celle-ci aurait quitté l'école depuis longtemps, alors que ses frères auraient poursuivi leurs études.

La logique est implacable : lorsqu'une fille se marie, elle quitte sa famille pour celle de son époux, et l'« investissement » fait dans l'éducation est perdu. Hu Dengshuang, l'imam de Zhang Jia Shu, reconnaît que les villageois « apprécient plus les garçons ». « Les filles sont considérées comme de la main-d'œuvre. Certaines ne vont jamais à l'école de leur vie. J'essaie de pousser les gens à laisser les filles à l'école aussi longtemps que possible. Je suis pour l'égalité. Mais quand la famille n'a plus d'argent, c'est la fille qui en pâtit la première », dit-il.

Les familles chinoises préfèrent plus que jamais avoir un fils plutôt qu'une fille : une des tantes de Ma Yan a même eu sept filles, en violation de toutes les règles du planning familial chinois, dans l'espoir d'avoir enfin un garçon. Après ce septième enfant, elle a accepté d'avoir recours à la contraception… Le dernier recensement montre que le phénomène est généralisé : on comptait 117 garçons pour 100 filles chez les nouveau-nés de l'an 2000, contre 112 et 100 respectivement une décennie plus tôt. Seule note d'espoir pour les filles : la mentalité des citadins, plus éduqués, évolue lentement en leur faveur.

Dimanche 8 octobre. Petite pluie.

Aujourd'hui, avec quelques camarades, je suis arrivée au dortoir. J'ai posé ce que je portais, puis j'ai demandé à ma tante Ma Shiping de me prêter son cahier d'exercices simultanés, et de m'expliquer une question. Elle prétend qu'elle n'a pas su y répondre. Je prends son cahier, elle me l'arrache, et me lance un mot d'insulte. Je comprends donc que tout le monde m'en veut, et je ne sais pas, moi, à qui je peux en vouloir. Je n'y vois peut-être pas clair, mais je ne mens jamais. Je ne suis pas comme Ma Shiping, qui ment quand elle a mal fait. Je dois bien étudier pour ne plus avoir besoin de demander à qui que ce soit de m'expliquer une question.

Lundi 9 octobre : il fait sombre.

Cet après-midi, nous avons un test de chinois. Le professeur nous dit : « Faites vite, ce sera bientôt fini. » Mon cœur se serre tout à coup. Il y a une question à laquelle je ne sais pas répondre. Je n'ai toujours pas résolu le problème.

Les examens

Les élèves sont soumis à des tests de connaissance tout au long de leur année scolaire pour évaluer leur niveau. Quatre fois par an, au milieu puis à la fin de chaque semestre, ils doivent passer de véritables examens. Regroupés sur plusieurs jours, ceux-ci représentent le moment décisif de l'année car ils conditionnent le passage dans la classe supérieure. À la fin de l'année scolaire, la tension est à son comble pour les écoliers. Bien peu d'élèves obtiennent, grâce à un système d'examens de rattrapage, l'autorisation de redoubler. Pourtant le redoublement est une « perte de face » terrible pour l'élève, et plus encore pour sa famille. La sélection devient plus rude à l'entrée à l'université, et l'examen est une épreuve redoutée par les étudiants.

Mardi 10 octobre. Petite pluie.

Aujourd'hui, cours de musique. Mais la professeur est absente. Je remplis donc mon cahier d'exercices d'écriture. Le chef de classe, Ma Fulu, un élève très grand et très méchant avec tous les élèves, me crie dessus : « Ma Yan, tu n'as pas à faire cet exercice, c'est un cours de musique ! » Je réplique : « Tous les autres le font, pourquoi tu n'empêches que moi ? » Il se met à crier : « Je m'en fiche des autres, c'est à toi que je parle ! »

Mon cœur est très en colère. Quand je serai grande, j'irai à l'université, puis je deviendrai une policière. Et je me promets que je le battrai sans hésitation.

Lundi 23 octobre. Pluie fine.

Ce matin, après la classe, avec deux camarades, je suis allée au marché de Yuwang. On y rencontre beaucoup de gens différents de nous. L'un n'a pas de jambe, l'autre n'a pas de pied. Il y a même un aveugle.

Moi, je pensais autrefois que j'étais incapable de survivre dans l'école ; et aujourd'hui, je rencontre cet aveugle. Un aveugle arrive à vivre : alors, pourquoi n'y arriverais-je pas, moi ? Je dois me perfectionner, et dépasser tous les autres, à l'école.

Mardi 24 octobre. Il fait beau.

Cet après-midi, notre professeur de musique, la femme à la longue tresse, nous fait cours. À la fin, elle nous demande : « Qui peut raconter une histoire ? » Tout le monde désigne Yang Bin, un garçon que j'aime bien. La professeur lui demande de venir sur l'estrade, mais Yang Bin n'arrive pas à raconter son histoire jusqu'au bout. Hu Zhimin reprend, mais il ne peut pas non plus la terminer. La professeur la raconte donc elle-même, mais elle ne peut pas non plus finir. Alors, elle nous raconte une autre histoire intitulée : « Le renard mange le poulet. » L'histoire est très drôle, et j'en suis comme ivre de rire.

Mercredi 25 octobre.

Cet après-midi, notre professeur de chinois demande aux camarades de chanter, de réciter un poème ancien, ou de raconter une histoire. J'aime surtout la chanson que mon petit frère Ma Yichao a chantée : *Attendre le jour où tu me diras au revoir*. Cette chanson, nous l'avions apprise ensemble, quand nous étions en troisième année. Ses paroles nous donnent du courage : « Au moment où ils m'accompagnent pour me dire au revoir, père et mère me disent : "Enfant, je te guide sur cette route, tu ne penseras pas à tes parents ni à ta terre natale si belle"... »

J'aime beaucoup cette chanson, parce que c'est maman elle-même qui nous l'a apprise. Quand je l'entends, je pense infiniment à elle, parce que c'est elle qui m'a fait retourner à l'école. Je dois bien étudier pour aller à l'université, et trouver un bon travail. Maman pourra alors mener une vie heureuse, elle en aura fini de cette existence où elle ne peut pas manger à sa faim à tous les repas. Je veux que ma mère vive dans le bonheur la seconde moitié de sa vie.

Jeudi 26 octobre.

Cet après-midi, après le premier cours de chinois, pendant la récréation, nous sautons à la corde. Notre professeur de chinois, Ma Shixiong, un homme d'environ vingt-sept ans, qui est très gentil avec nous, nous observe, debout à nos côtés. Son visage rayonne de joie, comme s'il avait notre âge. Depuis la rentrée, je ne l'avais pas encore vu aussi heureux.

Je crois qu'en nous voyant il se souvient de son enfance. Quand il était enfant, il devait aussi jouer à ce jeu, et il y jouait peut-être même très bien. C'est pourquoi, en voyant ses élèves sauter à la corde, il se souvient du temps heureux de son enfance, et il a l'air si content.

Vendredi 27 octobre.

Nous rentrons à la maison sous une pluie fine. Mais, peu à peu, elle cesse.

Je me dispute avec ma tante Ma Shiping, qui a deux ans de plus que moi, et une tête de plus. Elle dit que je suis égoïste, que je prends les affaires des autres, alors que, en revanche, quand les autres empruntent mes affaires de classe, je les traite de copieurs. Je lui réponds : « Tu n'as pas pris mes affaires ? Alors, pourquoi as-tu emprunté mon cahier d'exercices simultanés ? À qui veux-tu le donner à copier ? » « Ce n'est pas moi qui l'ai pris, c'est Xiao Hong », réplique-t-elle. Je demande à Xiao Hong, mais elle prétend qu'elle n'y est pour rien. Ma Shiping est contrariée, et ne pipe plus mot. Alors, je lui lance : « Tu te mens à toi-même ! »

Samedi 28 octobre.

Ce matin, il faisait très beau. Mais, peu de temps après, la neige a commencé à tomber. Soufflés par le vent, les flocons flottent et dansent dans le ciel. En voyant la neige, je pense à une phrase de ma grand-mère paternelle : « S'il neige au début d'octobre[1], la récolte de blé de l'année suivante sera très bonne. » C'est pourquoi je suis si contente qu'il neige. Qu'il neige fort ! Les villageois auront de l'eau à boire, et ils n'auront plus besoin d'aller en chercher si loin.

---

1. Ici l'on se réfère au calendrier lunaire qui compte douze mois de trente jours. Le Nouvel An tombe de manière variable entre le 21 janvier et le 19 février du calendrier grégorien. Tous les trois ans, un mois supplémentaire est prévu afin de corriger les trop grands décalages par rapport aux saisons et aux fêtes. Ma Yan se donne ainsi comme date de naissance le 28 février 1988, qui correspond au 6 mars 1988 du calendrier grégorien.

Chaque famille a sa citerne de neige et de pluie pour son approvisionnement en eau douce.

L'eau amère

Il n'y a pas d'eau courante dans le village de Zhang Jia Shu, et les villageois ont deux sources d'approvisionnement : d'une part, la récupération de la neige et de l'eau de pluie, stockées dans des citernes cimentées creusées dans le sol ; de l'autre, un puits d'« eau amère » situé dans la vallée, à une heure de marche du village. Celle-là ne sert qu'aux champs et aux tâches ménagères. Elle irrite la peau si on s'en sert pour se laver, explique Bai Juhua.

Plusieurs fois par semaine, les villageois vont à pied chercher l'eau amère au puits, deux seaux accrochés à des palanches portées à l'épaule. Les enfants, comme Ma Yan et son frère, se contentent de rapporter un seul seau en raison du poids. Selon la mère de Ma Yan, il vaut mieux arriver avant l'aube au puits pour éviter d'attendre trop longtemps, ce qui oblige à se mettre en route vers quatre heures du matin. Selon l'imam, il existait autrefois un puits dans l'enceinte du village ; il s'est effondré, et les fonds manquent pour le restaurer.

Les plus fortunés peuvent acheter de l'eau en conteneurs de plastique à la commune de Yuwang : il en coûte cinquante yuans, transport compris, pour environ deux semaines de consommation d'une famille. Hors de prix pour la plupart des paysans de ce village. Dans les cas désespérés, les villageois vont plaider auprès des autorités de la commune pour qu'on leur envoie un camion-citerne d'eau potable en secours.

Dimanche 29 octobre.

Ce matin, il fait très froid. Je vais faire un tour chez ma grand-mère paternelle, qui habite chez un de mes oncles dans le village. J'y reste un bon moment. Quand je rentre à la maison, maman commence à me réprimander : « Pourquoi ne prépares-tu pas toi-même les légumes que tu dois emporter à l'école ? Tu attends qu'on te serve ? D'où viennent ces petits pains blancs ? Y as-tu jamais pensé ? Je cuis à la vapeur les petits pains pour ton frère et toi, et toute la famille ensuite est privée de farine de blé. Tu sais bien que nous vivons des temps difficiles, et que moi, je suis si malade ! Et tu voudrais en plus que je te serve ? Tu n'as vraiment pas de cœur ! Je te laisse étudier, mais tu ne penses pas à moi quand tu vas à l'école. »

Elle me lance toutes ces critiques pêle-mêle. Sur le coup, je suis en colère. Les enfants des autres familles prennent un tracteur à un yuan pour faire le trajet, mon frère Ma Yichao et moi nous y rendons chaque fois à pied.

Mais quand j'y réfléchis, c'est vrai que nous vivons dans la gêne. Sans ma mère, je n'aurais jamais eu la chance de retourner à l'école. Elle ne s'occupe pas de sa santé, et elle nous offre, à mes frères et à moi, la possibilité d'étudier. Il faut que j'apporte ma contribution au pays, et que je fasse une bonne carrière, afin que plus personne ne sous-estime ma famille.

Lundi 30 octobre.

Cet après-midi, le dernier cours de la journée est une réunion de classe, où se règlent toutes les affaires de notre groupe, qu'il s'agisse des études ou des questions d'hygiène et de vie commune. Ma Ping et Ma Shengliang se battent. Les injures qu'ils se lancent font mal à l'oreille. Soudain, le professeur ouvre la porte. Un camarade du nom de Hu rapporte l'histoire au professeur. Le professeur critique ces deux élèves : ils se tortillent sur leur chaise, mal à l'aise, au point de risquer de l'écraser sous leur poids. Ce qui n'empêche pas le professeur de continuer à les critiquer sévèrement.

Je pense qu'il a raison : il agit ainsi pour la bonne conduite de notre classe, afin qu'il n'y ait plus de disputes ni de bagarres.

Mardi 31 octobre.

Cet après-midi, notre professeur de musique nous apprend à chanter une nouvelle chanson, *Le Soleil*. Puis elle nous demande de chanter tout ce que nous avons appris, depuis la première leçon jusqu'à aujourd'hui. Quand nous avons fini, la professeur demande qui saurait chanter seul. Tout le monde répond que mon jeune frère Ma Yichao chante bien.

J'en suis très contente dans mon cœur. Si vous me demandez pourquoi, c'est parce que je suis fière d'avoir un tel frère, parce que moi, je ne sais pas chanter. Ma Yichao, qui a un air espiègle avec ses cheveux courts et ses yeux rieurs, est connu à l'école pour ses chansons. À qui demande qui chante le mieux, on répond invariablement : « Le frère de Ma Yan. »

Mon cœur est plein de joie, comme une fleur dont les pétales s'ouvrent.

Mercredi 1er novembre.

Il fait très beau aujourd'hui. Nous avons un cours sur la nature. Le professeur de sciences naturelles me fait penser à un enseignant de ma deuxième année à l'école primaire. Leurs attitudes, leurs gestes se ressemblent tellement ! Quand je vois mon professeur d'aujourd'hui, je pense à toutes les attentions que mon ancien maître avait pour moi. Pour que j'aie une bonne voix, il m'apprenait à chanter ; pour que je sois en bonne santé, il me demandait de faire du sport.

Jeudi 2 novembre.

Ce matin, cours de chinois. Le professeur n'a rien préparé, et il nous demande de lire nous-mêmes le texte. Il désigne Ma Chengmin, Ma Shilong et Ma Shengliang. Mais ces camarades ne réussissent pas à lire tout le texte. Le professeur désigne à son tour Li Xiaoyan. Elle lit très bien. Le mandarin[1], dans sa bouche, est très beau à entendre. Le professeur désigne deux fois mon frère, à chaque fois pour une seule question. Mon frère répond bien aux deux questions. Mon cœur est soulagé. J'ai eu peur que mon frère commette des erreurs.

Le professeur demande à Bai Xue ce que veulent dire « sembler » et « ne jamais savoir », Bai Xue répond. Mon cœur se resserre, car je crains que le professeur ne me désigne. Je n'ai même pas fini ma pensée que le professeur me demande de me lever. Il me demande : « En combien de parties peut être divisée la leçon 12 ? » Je réponds : « En trois parties : premièrement, avant d'écrire la lettre ; deuxièmement, l'écriture de la lettre ; troisièmement, l'envoi de la lettre. » J'ai peur d'avoir mal répondu. « Correct », juge le professeur. Mon cœur se dénoue. Le professeur continue de m'interroger : « Y a-t-il encore autre chose ? » Je donne une bonne réponse, et le professeur dit : « Correct, mais vous devez lire davantage le texte. »

---

1. Le mandarin est la langue nationale chinoise, mais chaque région, voire chaque bourg, a sa langue ou son dialecte (cantonais, shanghaien, hakka, etc.), souvent très différent de la langue nationale au point d'en être incompréhensible pour les autres Chinois. Ainsi, les Hongkongais, restés longtemps coupés du reste de la Chine pendant la période coloniale, parlent cantonais et ne comprennent pas un mot de mandarin. Le Ningxia a sa propre langue régionale, et certains professeurs l'utilisent dans leurs cours à l'école de Ma Yan.

Vendredi 3 novembre.

Cet après-midi, mon frère Ma Yichao et moi sommes rentrés à la maison. Il fait très froid, et quand nous arrivons, il n'y a personne. Un voisin nous apprend que notre mère est allée chez mon grand-père paternel. Mon cinquième oncle[1], un homme aussi grand que mon père, qui a eu sept enfants (que des filles !), construit une maison. Mon frère et moi mettons notre veste ouatée qui tient très chaud, et nous nous rendons chez notre grand-père.

Beaucoup de gens sont là pour aider à construire la maison[2]. Le vent est si fort que nous avons du mal à garder les yeux ouverts. Nous pénétrons dans la maison. Maman est en train de faire la cuisine. Elle nous donne deux bols de légumes, et nous conseille de manger.

Peu de temps après, mon grand-père entre aussi. Maman lui donne aussi un bol. Grand-père s'assoit sur un tabouret et commence à manger. Il a les yeux pleins de larmes, à cause du vent. Sa veste de coton et sa chemise sont si sales qu'il vaut mieux ne pas les regarder. Quand j'observe ma grand-mère, je me dis qu'elle est plus pitoyable encore que mon grand-père. Ses cheveux sont tout blancs, une serviette trouée couvre sa tête. De plus, elle porte deux petites filles du cinquième oncle dans ses bras. Les enfants remuent très fort contre elle. Comment Grand-mère peut-elle les supporter ? Comme ses bras doivent lui

---

1. Dans cette fratrie de cinq, l'expression désigne le plus jeune frère du père.

2. La construction des maisons se fait grâce à un système d'entraide, chaque villageois aidant l'autre à bâtir la sienne. Ainsi, seuls les matériaux doivent être achetés, ce qui limite le coût de la construction.

faire mal... À sa place, j'aurais tellement mal aux bras...

Si je peux poursuivre mes études, je trouverai du travail, je prendrai sûrement mes grands-parents chez moi pour qu'ils aient une vie heureuse. Ils n'auront pas à supporter la mauvaise humeur du cinquième oncle. Mais je crains qu'ils ne puissent attendre jusqu'à ce jour. Ce qui signifie qu'ils sont condamnés à vieillir misérablement, sans avoir jamais la chance de mener une vie heureuse.

« Ma vie a été très difficile »... Ces premiers mots du grand-père de Ma Yan, Ma Shungi, ne laissent pas pour autant entrevoir ce qui suit. Malgré ses quatre-vingts ans, il se tient raide dans son épaisse veste ouatée d'une autre époque. Quelques poils de barbichette sur le menton ornent son visage ridé, il porte la coiffe blanche des musulmans chinois. Originaire du district de Xiji, plus au sud, son propre père était un mendiant qui allait de village en village demander l'aumône. Enfant, il l'accompagnait dans ses tournées. Quand il eut quatre ans, son père le vendit pour deux kilos de riz et quelques semences à un riche propriétaire terrien de Zhang Jia Shu qui n'avait pas d'enfants.

Le grand-père de Ma Yan fut affecté au travail de la ferme dès l'âge de sept ans, ce qui n'avait rien d'exceptionnel à cette époque à la campagne. À vingt ans, en pleine guerre civile, il fut « offert » par sa famille d'adoption, qui, entre-temps, avait eu trois enfants à elle, à l'armée du Guomindang de Tchang Kaï-chek. Le parti nationaliste exigeait en effet un homme de chaque grande famille pour combattre les communistes. Selon la légende familiale, le propriétaire, moyennant un pot-de-vin, avait demandé à l'officier du Guomindang qui emmenait le futur grand-père de Ma Yan, attaché derrière son cheval, de le tuer en chemin : ainsi, on ne lui prendrait pas d'autre fils pour la guerre, toute famille ayant eu un mort étant exemptée de conscription...

L'officier eut apparemment pitié et garda à ses côtés le jeune homme qui passa six ans dans cette armée, avant de déserter à la suite d'une querelle avec ses officiers : il traversa le fleuve Jaune et rejoignit les maquis de l'armée de Mao. Celui-ci finissait de chasser le Guomindang sur l'île de Taiwan avant de s'installer au pouvoir, en 1949, sur le continent. La famille insiste davantage, on le comprend aisément, sur sa période « rouge » que sur sa participation, même modeste, à l'effort de guerre nationaliste. Il fut un temps, en Chine, où une telle « tache » sur une notice biographique pouvait avoir des conséquences tragiques.

Mais les années de combat n'étaient pas finies pour lui : il fut envoyé en 1950 sur la péninsule coréenne voisine, dans les rangs des « volontaires » chinois, afin de combattre les

Américains. Sans aucune permission pour rentrer dans son village.

À l'issue de la guerre, en 1953, après douze ans d'absence, il regagna son village à dos d'âne, une médaille de héros accrochée à la poitrine et une fleur en papier rouge à la boutonnière en guise de remerciements. La veille de son départ à l'armée, on l'avait marié dans le village à une jeune fille de treize ans, une orpheline vendue comme lui à une grande famille qui la maltraitait. Douze ans plus tard, elle l'attendait encore, bien qu'elle ne se souvienne plus du visage de cet homme avec lequel elle n'avait passé qu'une nuit. Et dont elle n'avait pas reçu la moindre nouvelle pendant tout ce temps.

Elle lui était restée fidèle, alors que les officiels lui avaient dit que son mari était sans doute mort, comme tous ceux qui n'avaient pas réapparu après la victoire communiste de 1949... Elle avait résisté aux sollicitations de remariage, espérant encore un miracle, qui finit par se produire. Quand elle lui demanda pourquoi il n'avait pas écrit pendant toutes ces années, il répondit simplement : « Je ne sais pas écrire. » Elle l'interrogea alors pour savoir s'il voulait toujours d'elle : il répondit qu'il avait eu des « attaches sentimentales » en Corée, qu'il aurait très bien pu s'y remarier, mais qu'il n'était revenu que pour elle... Près de cinquante ans plus tard, ils vivent toujours ensemble à Zhang Jia Shu, après avoir eu cinq enfants, cinq fils, dont le père de Ma Yan.

Samedi 4 novembre.

Cet après-midi, papa est rentré de très loin[1]. Je lui propose : « Papa, je te prépare un repas ? » « Non », me répond-il : il doit aider le cinquième oncle à construire sa maison. Et il est ressorti. Il n'y a plus que mon frère et moi à la maison. Je place une table basse sur le kang pour faire mes devoirs.

Mon petit frère s'amuse à l'extérieur. Peu de temps après, d'autres enfants viennent jouer avec lui un moment, puis repartent. J'ai fini mon travail, je sors et j'appelle mon frère. Hu Xiaoping, le fils d'un voisin, m'apprend qu'il est allé chez le cinquième oncle. Je reste un moment à la maison, mais je m'ennuie si fort que je pars aussi chez le cinquième oncle. Papa et beaucoup de gens y travaillent jusqu'à la nuit tombée. D'autres villageois descendent de la charpente, mangent et rentrent chez eux.

Il n'y a que mon père et mon petit frère Ma Yichao qui continuent de travailler, jusqu'à neuf heures. « Pourquoi n'arrêtent-ils pas de travailler ? » ai-je demandé. La cinquième tante[2] m'a répondu : « Ton père est arrivé seulement vers midi. Il n'a pas beaucoup travaillé encore. Et tu dis qu'il faut qu'il s'arrête déjà ! »

---

1. Le père de Ma Yan, qui était parti trois mois travailler sur un chantier à Huhhot, capitale de la Mongolie-Intérieure, à plusieurs centaines de kilomètres de leur village (*voir page 53*), cette fois, s'est fait arnaquer : à la fin de son travail, il n'a pas été payé. Les travailleurs migrants, ne bénéficiant d'aucune protection légale, sont sans aucun recours. « Il n'avait même pas de quoi se payer un billet de train pour rentrer », nous a raconté sa femme.

2. La femme du cinquième oncle.

J'aurais dû répliquer : « L'année dernière, quand nous avons construit notre maison, vous êtes venus dans l'après-midi, est-ce que nous avons dit quelque chose ? Vous ne savez même pas distinguer le bien du mal. Vous et nous, nous ne sommes pas du même genre… » Mais je me suis tue.

Dimanche 5 novembre.

Cet après-midi, nous sommes encore à la maison alors que nous devons prendre la route pour l'école. Mais les petits pains que nous emportons d'habitude avec nous ne sont pas cuits. Mon frère Ma Yichao et moi décidons de quitter la maison et fermons la porte à clé. Je cherche mon père dans le village, pour lui donner la clé. Il nous conseille : « Attendez d'avoir mangé pour partir. » Je lui réponds : « Ma Shiping a dit qu'on doit s'en aller tôt aujourd'hui. On trouvera peut-être un tracteur. » Mon frère dit qu'il a faim et soif, il s'assoit et attend à manger. Mon père me donne dix yuans pour aller acheter du pain. Je cours dans une échoppe pour changer l'argent en petite monnaie. Je rends cinq yuans à mon père et je garde le reste pour le pain.

Je pense soudain que ces dix yuans ont été gagnés si difficilement par mon père, avec sa sueur et son sang, lorsqu'il est allé travailler en Mongolie-Intérieure : comment puis-je les prendre juste parce que j'en ai envie ? Je dois absolument étudier correctement, aller à l'université, trouver un bon travail, afin de ne plus jamais être tiraillée et attristée par ces questions d'argent.

Lundi 6 novembre.

Cet après-midi, je suis en train de lire le manuel de chinois quand la sonnerie annonce la fin du cours. Tous les camarades sortent pour s'amuser. Peu de temps après, plusieurs d'entre eux reviennent en racontant que nous allons avoir un test de chinois. Mon cœur bat fort tout d'un coup. Les camarades prennent tous leur livre, parce que les questions qui nous seront posées au test y figurent sûrement, pensent-ils. Et puis quelqu'un prétend le contraire : l'examen sera sur une feuille séparée, sur un tout autre sujet. Je n'ai pas confiance en moi, et je continue de lire mon livre.

Le cours commence, le professeur entre, les mains vides. Il annonce que nous tiendrons une réunion de classe à la place du test. Mon cœur est tout à coup plein de joie, comme une fleur qui s'ouvre, et je n'ai plus peur du tout.

Mardi 7 novembre.

Cet après-midi, cours de musique. La professeur nous apprend une chanson, *Petit Têtard*, une très jolie chanson : « Petit têtard, grosse tête, petit corps, petite queue, vit dans l'eau et grandit en se transformant… » La professeur chante plusieurs fois avec nous, puis nous demande de chanter tout seuls. Nous chantons en chœur pendant quelques minutes, puis la professeur nous désigne, l'un après l'autre, pour chanter. « Qui chante bien ? » interroge-t-elle. « Li Xiaoyan, Bai Xue, Ma Zhonghong, et Ma Xiaojun chantent bien ! » répondent unanimement les élèves.

Le professeur à la longue tresse demande à mon frère Ma Yichao : « Tu veux bien chanter pour tes camarades. Qu'en dites-vous, les autres ? » Tout le monde approuve. Mon frère se lève et chante. Il est très drôle, et tous les camarades rient aux éclats. Mon frère d'aujourd'hui ne ressemble pas à celui du passé. Il est devenu farceur, il raconte des histoires drôles, il aime faire le pitre.

Depuis que je suis dans cette école, on ne peut apprendre qu'une seule chanson par semaine. Celle-ci est celle que j'aime le plus chanter.

Mercredi 8 novembre.

Ce matin, il fait très beau. Mon père est arrivé du village et nous apporte du pain, à mon frère Ma Yichao et à moi. Après la classe, je pars avec mon frère, nous allons au marché. Mon père nous y attend déjà. Je lui demande pourquoi il nous a demandé de le rejoindre. Il répond qu'il veut que nous mangions un très bon repas. Il nous emmène dans un des petits restaurants de la rue principale de Yuwang, commande deux bols de riz cuit dans une soupe de viande, et donne le signal du repas. Après, il nous achète aussi quelques pommes, en précisant que c'est pour manger avec du pain.

Sur le chemin du retour à l'école, je rencontre mon grand oncle et sa femme, mon deuxième oncle et sa femme, mon troisième oncle et mon grand-père maternel. Ils me disent : « Tu es descendue au marché aussi ? » Je réponds que oui. Mais ils ne nous invitent pas, mon frère et moi, à manger avec eux. Je réfléchis un instant : comme c'est bien d'avoir des parents ! Sans parents, tu es un orphelin, sans personne pour prendre soin de toi, pour t'aimer. Que c'est bien d'avoir des parents ! Et avoir l'amour de ses parents !

Jeudi 9 novembre.

Cet après-midi, il fait très beau. Le dernier cours est celui de sciences naturelles. La classe commence, tous les camarades se précipitent à l'intérieur. Ma tante Ma Shiping et moi traînons encore dans la cour. Je vois le professeur arriver, je cours comme une folle et pénètre dans la classe juste derrière lui. Au moment où j'entre, les camarades se lèvent pour saluer le professeur. Je cours vite prendre ma place pour écouter la leçon. Après le cours, le professeur nous distribue nos cahiers, et il nous donne le devoir à faire pour le prochain cours. Il ajoute : « Quand vous aurez fini, ne quittez pas la classe. Votre professeur de chinois a encore des choses à vous dire. » Mon cœur bat fort tout d'un coup, je croyais que c'était pour un test. Mais, en fait, c'est juste pour un exercice simultané. Il nous avertit que, demain matin, des inspecteurs passeront examiner notre travail.

Vendredi 10 novembre.

Cet après-midi, nous sommes rentrés à la maison après l'école. Ma mère prépare des nouilles pour mon frère et moi. Mon père est à l'extérieur, en train de mélanger de l'eau avec de la poussière de charbon. Avec cette boue, on confectionnera des galettes qui serviront de combustible. Mon frère et moi, nous allons faire un tour chez notre grand-mère paternelle, qui habite chez le cinquième oncle. Mes grands-parents occupent la grande pièce, et le cinquième oncle a creusé une grotte à côté de la maison pour ses sept enfants.

Quand nous arrivons, notre grand-mère n'est pas là. Nous interrogeons notre cousine, Ma Xiaoqing, qui nous explique que nos grands-parents sont en train de couper du fourrage pour le bœuf. Nous partons les aider. Après avoir coupé l'herbe, Grand-père la donne à manger au bœuf. Grand-mère nous fait entrer dans la cuisine, nous propose du pain et des pommes de terre cuites à la vapeur. Je prends la moitié d'un petit pain, mon frère prend une pomme de terre.

Ma grand-mère a les cheveux tout blancs : elle a presque quatre-vingts ans, mais travaille encore pour la famille du cinquième oncle. Mon grand-père aura quatre-vingts ans, et travaille aussi pour le cinquième oncle. Des personnes âgées qui ont des connaissances ne font sûrement pas ce genre de travail. Quand on est vieux, c'est le moment de profiter de la vie. Nulle part ailleurs on ne voit ainsi des personnes âgées servir des jeunes.

Il est décidément indispensable aujourd'hui d'étudier, pour ne jamais ressembler à mes grands-parents qui travaillent jusqu'à leur plus vieil âge. Ils ne profitent jamais du bonheur.

Ma Yan entourée de ses grands-parents paternels.

Samedi 11 novembre.

Cet après-midi, il fait très froid. Mon père revient du marché. Il pose ses sacs à terre, puis monte sur le kang. Assis sur le lit, il marmonne : « Il fait vraiment très froid aujourd'hui ! Si froid qu'on ne peut pas sortir sa main ! »

Je lui demande ce qu'il y a dans les sacs. Mon frère Ma Yiting saute du lit, regarde à l'intérieur des sacs. Il voit une veste ouatée, un pull et des carreaux de faïence pour la maison. Il demande à qui sont cette veste et ce pull, et mon père lui répond : « C'est pour ta sœur et ton grand frère. » Mon plus jeune frère se met alors à pleurer. Mon père lui promet que, au prochain marché, il en achètera aussi pour lui. Rassuré, le petit cesse de pleurer. Ma mère lui lance cependant quelques phrases de réprimande, lui reprochant sévèrement de réclamer ainsi des choses à son père, et Ma Yiting se remet à pleurer.

Ma mère doit être tourmentée par sa maladie, aujourd'hui. Sinon, pourquoi lancer de telles paroles ?

Dimanche 12 novembre.

Cet après-midi, ma tante Ma Shiping, mon frère Ma Yichao et moi sommes tous les trois en route vers l'école. Quand nous arrivons au carrefour du village de Hu Jiashu, cinq ou six grands garçons nous demandent où nous allons. Mon frère répond que nous nous rendons à Yuwang, à l'école. « En quelle année êtes-vous ? » demandent-ils. « Pourquoi cette question ? » riposte mon frère.

Les garçons ne sont pas de notre village. Ils deviennent tout à coup agressifs, les plus jeunes d'entre eux nous lancent des pierres, les plus grands nous insultent. Nous nous mettons à courir très vite, jusque dans un ravin. Là, nous voyons des bergers avec leur troupeau de moutons. J'ai de nouveau peur dans mon cœur. Mais, quand je les regarde attentivement, je crois discerner que ce sont des adultes. Mon cœur, qui n'arrêtait pas de battre très fort, se calme. Mes mains sont moites comme si je venais de sortir de l'eau.

Lundi 13 novembre.

Cet après-midi, il fait très beau. La dernière classe de la journée est une réunion. Le professeur demande au camarade responsable de la vie collective de nous organiser pour assurer la propreté de l'école. Le chef demande aux garçons de balayer la cour, aux filles de nettoyer les vitres. Ma Jing, Ma Donghong, Li Qing balaient le sol. Je les laisse balayer, puis je ramasse la poussière.

Chaque fois que je prends un balai et une pelle, je pense à ma famille. Nous faisons de même pour nettoyer le sol. Je me souviens que lorsque ma mère m'a appris pour la première fois à balayer, elle m'a expliqué : « Quand tu balaies le sol, il faut d'abord jeter un peu d'eau sur la terre, puis tu attends un moment avant de commencer. » Maman tenait mes deux mains, elle m'a conseillé de courber un peu la taille : de cette manière, je ne soulèverais pas de poussière.

Je me souviens de chacune de ses phrases comme si c'était hier.

Mardi 14 novembre.

Très beau temps cet après-midi. Le dernier cours de la journée est celui de musique. La professeur entre dans la classe, et le chef de classe ordonne : « Levons-nous. Bonjour, professeur. » La professeur répond : « Bonjour camarades[1]. Asseyez-vous. Aujourd'hui, nous apprenons *Au son du petit tambour.* » La professeur nous le répète plusieurs fois, et nous demande de chanter. Nous chantons mal, alors elle nous le récite à nouveau. Puis elle reprend : « Vous le chanterez encore après la classe, ainsi vous le connaîtrez bien. » Elle demande aussi : « J'ai entendu dire que vous aurez bientôt l'examen de mi-semestre. C'est exact ? » Tous les camarades répondent : « Oui ». La professeur de musique nous laisse réviser nos leçons pour que nous ayons un bon résultat le lendemain. Quand j'entends que cette permission nous est accordée, c'est comme si je recevais l'amour de ma mère.

1. Cette apostrophe, qui a des résonances communistes, est aussi utilisée par les élèves entre eux.

Mercredi 15 novembre.

Il neige fort cet après-midi. À la première classe, le professeur de mathématiques entre et nous annonce : « Cet après-midi, nous ferons l'examen de mi-semestre. » Mon cœur bat très fort. Le professeur distribue la copie de l'examen : il faut résoudre des problèmes et remplir des cases laissées en blanc. Il me semble que c'est facile à faire, pour la plus grande partie. Le professeur déclare : « Je lis, vous écrivez. » Au fur et à mesure que nous avançons, je rencontre de plus en plus de difficultés. Je n'arrive pas à remplir certaines cases, je ne sais pas non plus résoudre un calcul simple. Je fais du mieux que je peux.

Après le cours, je compare mes réponses à celles des autres. Mais aucune de mes réponses ne correspond. Maman, l'espoir que tu mets en moi disparaît ! Je te donnerai plus de satisfaction plus tard, d'accord maman ? Je te promets de te fournir de bons résultats dans l'avenir.

Jeudi 16 novembre.

Les deux premiers cours, l'après-midi, sont ceux de rédaction. Le professeur nous explique : « Vous révisez les leçons pendant ces deux cours. La semaine prochaine, nous aurons l'examen de chinois. »

Ça me fait penser à l'examen d'hier. Quand le professeur a distribué la copie, au premier coup d'œil, j'ai trouvé que c'était facile. J'ai donc commencé à répondre. Mais j'ai rencontré de plus en plus de difficultés vers la fin. Dès que le professeur de chinois a articulé le mot « examen », je n'ai plus eu le cœur à lire mon livre. Vous voulez savoir pourquoi ? Hier, je me suis rendue dans le bureau du professeur de mathématiques. Sa nièce et ses deux filles jumelles regardaient justement ma copie, corrigée par le professeur. J'ai mal résolu huit problèmes. Il n'y avait pas beaucoup de problèmes au total, mais moi, j'ai fait huit fautes ! Je ne peux pas avoir le cœur léger après ça. J'ai vu aussi la copie de Bai Xue : j'ai eu le sentiment d'être à ras de terre, et elle au ciel. Quelle distance ! C'était comme si je n'avais jamais existé.

Vendredi 17 novembre.

À la tombée de la nuit, maman chauffe un peu d'eau, et me demande de me laver les cheveux. Ma grand-mère paternelle, me dit-elle, est malade : elle a des douleurs aux reins et aux jambes. Mes deux frères sont partis la voir.

L'eau est enfin chaude. Je me lave les cheveux. Mon frère Ma Yichao rentre seul, la tête serrée dans ses mains. Maman lui demande : « Vous êtes bien allés chez votre grand-mère ? Vous l'avez vue ? » « Non », fait-il. « Pourquoi ? » demande maman.

Mon frère explique : « Grand-père était parti à la mosquée de Liwazi, à deux kilomètres du village, où il a reçu en cadeau des galettes à la viande. Quand Ma Yiting et moi sommes arrivés sur le seuil de la porte, il nous a engueulés : “Il fait si froid, pourquoi venir ?” »

Ma Yichao a eu beau répéter qu'ils venaient voir Grand-mère, Grand-père les a renvoyés, parce qu'il faisait très froid. Mon frère est donc rentré à la maison.

Maman commence à critiquer Grand-père : « Comment peut-on prendre soin de lui ? » Mais je crois qu'elle a tort. Grand-père ne changera jamais, il ne comprend pas le bien qu'on veut lui faire. Quand maman dit du mal de Grand-père, j'ai mal au cœur. Pourquoi aucune de ses belles-filles ne peut-elle comprendre ce qu'il vit au fond de lui ? Il est ainsi depuis toujours. J'espère que je n'entendrai plus jamais de réflexions désagréables sur mon grand-père.

Samedi 18 novembre.

Il fait très froid cet après-midi, il neige fort, et il y a grand vent. Papa est revenu du marché. Il a acheté deux sacs de farine de blé, avec d'autres paquets qu'il porte dans un sac. Papa entre dans la chambre, pose son fardeau. Maman en sort des légumes, de l'ail, des nouilles. Elle regarde tout au fond du sac, elle y trouve un ou deux kilos de viande. Elle demande à papa pourquoi il a cru bon d'acheter de la viande. Papa lui explique : « Aujourd'hui, les enfants sont tous à la maison. Faisons un grand repas. Ils ne mangent pas bien à l'école. C'est pourquoi j'ai acheté un peu de viande pour eux. »

Maman fait donc du riz avec une soupe de viande pour nous. En mangeant, elle nous lance : « Le foie, ce n'est pas la viande, le neveu n'est pas la descendance, le fils doit être enfanté par soi-même, l'arbre doit avoir des racines profondes. »

J'ai beau réfléchir longtemps au sens de ses paroles, je ne les comprends pas[1].

---

1. La mère veut dire que le plus important dans la vie d'un homme ou d'une femme, ce sont ses propres enfants.

Dimanche 19 novembre.

Cet après-midi, juste quand nous devons partir à l'école, mon frère Ma Yichao raconte ce qui nous est arrivé vendredi dernier sur le chemin du retour, lorsque nous avons été attaqués par cinq jeunes d'un autre village. Après nous avoir écoutés, maman demande à papa, qui n'est pas encore reparti travailler à l'extérieur du village, de nous accompagner. Papa met sur son épaule nos provisions à tous les deux. Nous prenons chacun notre sac, mais je porte aussi sur le dos les vêtements et les chaussures de mon frère.

Nous partons ainsi pour plusieurs heures de marche dans la neige. Quand nous arrivons en haut du plateau, les oreilles de papa sont déjà très rouges. Je marche en silence. J'entends le bruit de ses pas, et je vois la neige sur ses chaussures de cuir.

Je pense au résultat de mon examen. Comment puis-je mériter le long trajet que papa fait avec nous ? Il a peur que nous soyons maltraités sur la route. Je veux désormais bien étudier, réussir ensuite l'université, et trouver du travail. Je devrai rembourser papa de ce trajet et lui permettre, à lui ainsi qu'à maman, d'avoir enfin une vie heureuse.

Lundi 20 novembre.

Ce matin, le premier cours est une séance d'étude, où nous pouvons faire nos devoirs et relire nos livres de classe. Le professeur de chinois nous prévient : « Révisez bien vos leçons. Au prochain cours, nous aurons l'examen de chinois. »

Tous les camarades se lancent dans les révisions. Quand l'heure du cours suivant arrive, le professeur rentre dans la classe, et il distribue les copies d'examen. Je vois que c'est facile, et je m'y mets tout de suite. Pendant que j'écris, je me dis que je dois absolument obtenir un bon résultat pour papa et maman, et remporter la première place pour eux. L'heure de rendre la copie arrive. Je demande aux autres combien ils ont fait de crochets, c'est-à-dire de réponses affirmatives, et de croix – les réponses négatives. Ils disent trois croix, un crochet. Alors, j'ai encore fait des fautes ? L'espoir de papa et maman disparaît de nouveau. Je dois bien étudier plus tard pour faire honneur à mes parents.

Mardi 21 novembre.

Dernier cours de l'après-midi, la musique. La professeur écrit au tableau noir les paroles de chansons. La première s'intitule *J'ai un agneau*. Pendant que le professeur écrit, elle appuie sa tête contre le tableau, comme si elle était malade. Elle a visiblement mal à la tête. Elle a du mal à écrire toutes les paroles. La deuxième chanson est *Hochets à boules de bois*. La professeur donne la feuille de paroles à Hu Zhimin et lui demande d'écrire. Elle-même s'assoit. Je ne sais pas de quoi elle souffre, mais sa maladie semble très grave : elle paraît sur le point de s'effondrer à tout moment.

Hu Zhimin a copié les paroles, et la professeur nous apprend l'air. Puis elle nous demande de chanter seuls. Nous n'y arrivons pas. Elle nous les fait répéter encore plusieurs fois, et nous confie : « Ma Huiping, de la classe numéro trois de la cinquième année, chante vraiment très bien. » Le sens réel de cette phrase, à ce que je comprends, c'est que nous devons prendre exemple sur elle.

La professeur s'est donné beaucoup de peine sur l'estrade, et nous n'y arrivons pas. C'est injuste pour elle. Malgré sa maladie, elle est venue nous donner un cours, pour que nous prenions le relais de la révolution plus tard.

Proposition de déclaration[1]

L'après-midi du 21 novembre, tous les Pionniers de l'école célèbrent l'anniversaire de la citation[2] du président Mao Zedong qui demandait de prendre exemple sur grand-père Jin Zhanlin[3]. Pour célébrer l'esprit de grand-père Jin Zhanlin, qui faisait le bien pour aider les autres, pour que nous tirions la leçon de ces activités, pour que nous donnions notre cœur d'amour, nous devons :

1° donner des livres aux autres jeunes camarades, pour qu'ils prennent l'exemple de grand-père Jin Zhanlin, et fassent le bien pour les autres ;

2° apprendre à faire le ménage, aider les parents ;

3° protéger les biens publics consciencieusement.

Tous les jeunes Pionniers de l'école doivent prendre exemple sur grand-père Jin Zhanlin, et offrir leur amour. Si nous vivons, c'est pour que la vie des autres soit meilleure.

Tous les jeunes Pionniers de l'école,
Le 21 novembre.

1. Cette lettre rédigée par Ma Yan fait partie des activités des Pionniers. Il est fréquent de voir des enfants arborant leur foulard rouge.

2. Tous les discours et déclarations du Grand Timonier font l'objet de « citations » réunies au sein du Petit Livre rouge, que tous les Chinois apprenaient autrefois par cœur.

3. Héros local mort il y a quelques années, Jin Zhanlin était un électricien modèle qui, selon la mythologie maoïste, rendait volontiers service aux habitants dans le secteur de Yuwang. Dans la tradition de Lei Feng, ce soldat de l'armée populaire donné en exemple à tout le pays par la propagande des années 1960, un modèle d'abnégation qui recousait les chaussettes trouées de ses camarades...

Mercredi 22 novembre.

Le dernier cours de cet après-midi est consacré aux activités des jeunes Pionniers. Hu Zhimin en est l'organisateur. Il désigne des noms au hasard. Il demande à ma tante Ma Shiping de se lever et de chanter. Elle refuse. J'en suis très contente, parce qu'elle s'est moquée de moi en prétendant que je chante comme un petit cochon. Aujourd'hui, comme le professeur le lui demande, elle chante, mais pire que moi.

À mon tour, le professeur me demande de chanter *Le Papillon du rêve*. Je chante : « Beau papillon de mon rêve, vole parmi les autres, parmi les belles fleurs... » Tous les camarades disent que je chante bien, que je pourrais devenir une vedette...

Je suis très contente dans mon cœur. À partir d'aujourd'hui, j'ai davantage confiance en moi pour chanter. Je dois faire de mon mieux, je ne veux plus entendre les autres insinuer que je chante comme un petit cochon.

Jeudi 23 novembre.

Je suis en train de rédiger une rédaction, cet après-midi, quand l'école prend fin. Mon jeune frère Ma Yichao arrive avec de la nourriture, et il m'appelle pour manger. Beaucoup de camarades me confient leur admiration : « Comme ton frère est gentil ! Il t'apporte à manger, te laisse manger la première. Il mange tes restes. Après le repas, il va chercher de l'eau pour que tu laves le bol… » Je suis vraiment contente dans mon cœur.

Mais aujourd'hui, mon frère a pris seulement du riz sans acheter de légumes. À la moitié du repas, ma tante Ma Shiping me verse une cuillerée de légumes. Je prends une bouchée et donne le reste à mon frère. À ce moment, je comprends vraiment ce que signifie le sens de la famille, ce qu'est l'amour d'une mère.

Vendredi 24 novembre.

Avant midi, mon père et ma mère sont venus à l'école pour nous voir, mon frère et moi. Ils nous apportent un peu de riz, et nous demandent de le donner au professeur principal, c'est-à-dire au professeur de chinois.

La sonnerie du début de cours retentit. Quand les cours s'achèvent, dans l'après-midi, mon frère et moi courons dans la rue. Comme nous descendons la rue, mes parents sont prêts à partir chez mes grands-parents maternels. Ils ont appris que ma grand-mère est malade, c'est pour ça qu'ils veulent aller la voir. Ils me donnent un yuan pour acheter des pommes, à manger avec du pain.

Aujourd'hui, j'ai très mal dans mon cœur. Voulez-vous savoir pourquoi ? Parce que, ce matin, mes parents sont venus me dire : « Quand tu rentreras à la maison, tu donneras à manger au bœuf... » Et j'ai refusé. Aujourd'hui, quand je suis rentrée, j'ai tout de même donné à manger au bœuf. À cause de ce travail, mes mains sont toutes fissurées[1], et elles font peur à voir. Alors, je réfléchis : je donne à manger au bœuf une seule fois, et mes mains sont déjà abîmées. Maman, elle, lui donne à manger tous les jours : c'est ce qui explique pourquoi ses mains sont si enflées. Tout ce qu'elle fait, c'est pour l'avenir de mes frères, et pour le mien.

Je suis émue jusqu'à en pleurer, sans pouvoir dire un mot. Revenez, père et mère, j'ai besoin de votre amour ! J'ai eu tort, d'accord ? Revenez, vite ! Je pense à vous. Revenez, père et mère !

---

1. Ses mains s'abîment parce qu'elle doit malaxer longuement les aliments.

Samedi 25 novembre.

Mes parents nous ont dit qu'ils reviendraient aujourd'hui de chez mes grands-parents maternels. Mes frères et moi, nous nous sommes levés très tôt. Nous avons préparé la nourriture pour le bœuf. Je fais la cuisine pour nous tous. Après avoir mangé, nous restons assis sur le kang pour suivre une série télévisée. Ensuite, nous sortons jouer dehors.

Peu de temps après, le soleil se couche déjà derrière la montagne. Mais papa et maman n'apparaissent toujours pas. Nous préparons nous-mêmes le repas, et nous mangeons. Après le repas, mes deux frères restent dans la maison pour voir un dessin animé. Je suis inquiète, je sors sans savoir où aller. Mon frère me voit dans cet état. Il va chercher la fille du deuxième oncle, Ma Xiaomei, pour qu'elle nous tienne compagnie. Nous nous faisons des confidences, pendant un moment. Puis, mes frères et moi, nous nous couchons sans dire un mot.

Une maison sans adulte, c'est anormal. Les enfants sont toujours des enfants. Mon père et ma mère sont partis chez mes grands-parents maternels, je me sens désespérée. J'espère qu'ils reviendront vite.

Dimanche 26 novembre.

Cet après-midi, quand nous arrivons à l'école, la porte du dortoir est encore fermée. Il n'y a là que Ma Juan, une camarade de classe. Nous nous asseyons devant le dortoir. Peu de temps après, arrive une autre camarade, Ma Yuehua. Elle nous demande pourquoi nous n'entrons pas. Nous répondons : « La porte est encore cadenassée. » Elle a la clé, nous dit-elle. Nous entrons et posons notre sac. Nous ouvrons notre livre, et nous lisons.

Peu de temps après, une moto[1] conduite par un homme amène la camarade Yang Xiaohua jusqu'à l'école. Tous les deux pénètrent dans le dortoir.

L'homme demande : « Est-ce que votre poêle marche ? » « Non », répondons-nous. Il nous demande pourquoi nous ne mettons pas en route le poêle à charbon. « Mais le foyer est trop plein », expliquons-nous.

Il ôte sa veste, commence à vider le foyer des cendres de la semaine passée. Je me demande qui est cet homme, pourquoi il s'occupe du poêle pour nous. En fait, c'est le père de Yang Xiaohua. C'est un homme sympathique. À sa mort, il ira sûrement au paradis.

Bien sûr, ce ne sont que mes délires.

---

1. La moto est un bien convoité dans cette région, où elle est particulièrement adaptée aux distances entre villages et aux pistes parfois très endommagées par les pluies qui rendent difficile le passage en tracteur ou en voiture. Seuls quelques fonctionnaires et commerçants peuvent s'en offrir, de sorte qu'elle a une forte valeur de statut social.

Lundi 27 novembre.

Cet après-midi, le dernier cours est consacré à la réunion de classe. Le professeur nous demande de nettoyer l'école. Certains camarades nettoient la cour, d'autres jouent à l'élastique. Je rédige mon devoir dans la classe. Le camarade responsable de la vie collective vient me dire de sortir. Je sors. Pendant ce temps, le sol est balayé. J'entre de nouveau dans la classe, je continue mon devoir. Il m'appelle encore, cette fois pour que j'essuie les vitres. Je sors et essuie. Après, je rentre dans la classe pour finir mon travail.

Il m'appelle à nouveau pour que je sorte et évacue la poussière ailleurs. Je ne lui réponds pas. Il vient près de moi, et il me frappe. Je ne réplique toujours rien. Il me tape de plus en plus fort. Je prends la petite règle, je lui donne un coup sur le visage. Et je sors pour accomplir le travail. Je suis totalement furieuse. Si demain je deviens une bonne policière, et que ce garçon commet un crime, je l'arrêterai, je le fusillerai, je lui donnerai des coups de couteau !

Mardi 28 novembre.

Papa, maman, excusez-moi ! Pourquoi est-ce que je vous prie de m'excuser dès le début ? Parce que, cet après-midi, le professeur principal, c'est-à-dire celui de chinois, nous a sermonnés : « La semaine dernière, vous avez passé les examens de mi-semestre. Certains camarades les ont très bien réussis, mais la grande majorité ont de très mauvais résultats. Vous, les internes, vous apportez chaque semaine un sac de petits pains, et un sac de riz par semestre : croyez-vous mériter ça ? Même pas les pains et le riz. Quant aux autres... »

Quand le professeur donne mes résultats, je ne peux plus relever la tête. Je n'ai même pas la deuxième place. Comment pourrais-je relever la tête ? Je ne peux pas. Mais j'ai confiance. Aux examens de la fin du semestre, j'aurai sûrement de bons résultats à montrer à mes parents.

Mercredi 29 novembre.

Ce matin, notre professeur de mathématiques arrive, avec, à la main, les cahiers d'exercices simultanés des trente-sept camarades[1]. L'ambiance est assez bizarre. Et c'est bien vrai[2]. Le professeur prend une petite partie des cahiers, et commence : « J'ai déjà dit que si vous n'avez pas fait le travail, ce n'est pas la peine de me le donner ! » Le premier cahier est celui de Li Qing. Le professeur lui demande de se lever, de sortir de la classe. Elle refuse, le professeur la frappe du revers de la main, sur la nuque. Puis il bat les camarades l'un après l'autre[3]. Il a un dernier cahier dans la main, celui de Ma Fulu. Le professeur lui ordonne de venir et, sans dire un mot, il le bat.

Je suis très contente dans mon cœur. Parce que ce garçon avait battu d'autres camarades. Aujourd'hui, il est battu par le professeur : il éprouve le sentiment d'être battu, il sait maintenant si c'est agréable ou non ! Peut-il désormais corriger son habitude de battre les autres camarades ? J'espère que plus jamais il ne nous battra.

---

1. Les élèves sont trente-sept avec Ma Yan.
2. Cette formulation est une façon d'insister dont la langue chinoise est coutumière.
3. Ma Yan ne sera pas battue ce jour-là.

Jeudi 30 novembre.

Ce matin, cours de chinois. Dès que le professeur entre, il demande qui a des billes de verre, ce qui est formellement interdit à l'école. Le chef de classe indique celui-ci ou celui-là. Le professeur confisque toute une poignée de billes. Il commence ensuite le cours.

Leçon 22 : « Hameçon doré », un récit de guerre. Le professeur annonce qu'il va lire le texte, et que nous devrons en analyser le sens. Pendant que le professeur lit, je ne peux retenir mes larmes. Parce que mon grand-père est lui aussi un ancien soldat rouge revenu de la guerre anti-américaine de Corée. Il a lui aussi traversé des steppes, escaladé des montagnes de Neige[1]. Il ressemble au vieux chef d'escouade cité par le professeur, qui a persévéré jusqu'à la victoire finale. Je suis fière de lui, et mes larmes coulent, en hommage à son courage.

---

1. Expression employée à l'origine pour décrire les difficultés de la Longue Marche des partisans de Mao dans les années 1930.

La guerre de Corée

Le grand-père paternel de Ma Yan a connu la longue et difficile guerre de Corée (1950-1953). Il faisait partie des « volontaires » chinois envoyés par Mao au côté des communistes coréens, pour lutter contre les Américains et leurs alliés. Le vieil homme se souvient encore d'avoir été encerclé par les troupes ennemies et, à court d'eau, d'avoir bu l'urine de son cheval, avant de l'abattre et de le manger... Il en parle avec émotion, et sa famille a dû entendre son récit des milliers de fois. Un demi-siècle plus tard, il se rappelle encore quelques mots de coréen : « faire la cuisine », « manger »... Plusieurs centaines de milliers de « volontaires » chinois, voire un million selon certaines estimations, ont trouvé la mort pendant ce premier conflit de la guerre froide.

Dans la seule pièce de la maison, les photos de famille encadrées sur le mur.

Vendredi 1er décembre.

Cet après-midi, après l'école, il fait très froid. Mon frère et moi prenons nos bagages et nous rendons au marché. Quand nous y arrivons, il n'y a pas de tracteurs pour notre village. Nous cherchons encore un moment, et j'aperçois un véhicule qui vient de chez nous. Nous nous y installons. Je pense que c'est facile de s'y asseoir, mais ce sera difficile d'en descendre, parce que le chauffeur demandera de l'argent. Aujourd'hui, mes parents ne sont pas venus. Aucun des deux, ni mon frère ni moi, nous n'avons d'argent. C'est pourquoi il sera difficile de descendre du tracteur.

Je n'ai pas fini de réfléchir que maman arrive près de nous, sans se montrer. Elle nous murmure soudain : « Vous êtes morts de froid, non ? » Je me retourne, et je la vois. Je suis ravie dans mon cœur. Dès que maman s'assoit, le véhicule démarre.

Sur la route, le vent est très fort, mes joues sont rouges. Maman met ses mains sur mes joues, je sens tout de suite une chaleur monter. Je pense que maman me donne des soins très attentifs. Mais je repense à mes résultats d'examens : une fois rentrée à la maison, comment oserai-je lui faire face ?

Samedi 2 décembre.

Au crépuscule, c'est-à-dire à la fin du jeûne[1], nous sommes en train de regarder un dessin animé, *Fils du soleil*. Je sors pour voir ce que fait maman. J'ouvre le rideau de la porte : maman est en train de préparer des petits filets de pommes de terre pour la rupture du jeûne. Je retourne regarder le film avec mes frères.

Peu de temps après, je veux aider maman. Quand j'arrive, elle a déjà fini de préparer les légumes, et les petits pains sont cuits aussi. Il ne reste qu'à cuire le riz. Je lui propose : « Maman, je te donne un coup de main. » Elle répond : « Ce n'est pas la peine. Va plutôt faire tes devoirs. » Je reviens pour écrire.

Pendant que j'écris, je réfléchis. Que de mal mes parents se donnent pour nous ! Et nous, ne pouvons-nous pas nous donner un peu de mal pour eux ? Pour qu'ils vivent des jours heureux où ils pourront recevoir des soins des autres…

---

1. Ma Yan appartient à la minorité Hui, musulmane, et respecte le jeûne du ramadan.

Les pratiques religieuses

Musulmane, Ma Yan observe le jeûne du ramadan, ce que ne semblent pas faire toutes ses camarades de classe, pour la plupart des Hui comme elle. Avant d'entrer à l'école, elle a suivi l'enseignement de l'imam de Zhang Jia Shu, dans une sorte d'école maternelle coranique où, se souvient-elle, « on passait notre temps à chanter ». La famille de Ma Yan n'est pas particulièrement religieuse, mais elle respecte les traditions. Sa mère Bai Juhua porte simplement la coiffe blanche des Hui, comme presque toutes les femmes du village. Elle interdit à sa fille de porter des jupes ou d'avoir les bras découverts. Dans leur foyer, toutefois, aucun symbole religieux n'apparaît, ni photo de La Mecque ni versets du Coran, contrairement à d'autres maisons plus pratiquantes. Le respect du ramadan et des fêtes qui y sont liées est d'ailleurs la seule mention d'observance religieuse dans le journal de Ma Yan.

He Dengshuang, l'imam, l'un des hommes forts du village.

Jeudi 7 décembre.

Le dernier cours de la journée est celui de sciences naturelles. Les camarades sortent ensuite pour s'amuser. Je reste pour faire mes devoirs. Soudain, Ma Xiao Hong et ma tante Ma Shiping, qui sont dans la même classe que moi, arrivent et me demandent : « Qu'est-ce que tu fais ? » Ma Xiao Hong n'a pas bougé, mais Ma Shiping m'arrache le cahier des mains alors que j'étais en train d'écrire. Le mot est mal terminé, le cahier déchiré, le crayon abîmé.

La colère gonfle si fort en moi que je ne peux pas l'apaiser. Je l'insulte. Elle aussi. Je suis si furieuse que les insultes n'arrivent même plus à sortir. Elle s'en va. Ma Jing commente : « Ta tante Ma Shiping est en colère. » Je réponds : « Tant pis. De toute façon, c'est de sa faute ! »

Mais, dans mon cœur, c'est comme si c'était de ma faute, parce qu'elle est plus âgée que moi et que je lui dois le respect. Mon explosion de colère était trop forte. De là sans doute mon sentiment de faute.

Vendredi 8 décembre.

Cet après-midi, après l'école, Ma Shiping, mon frère et moi nous nous précipitons pour ranger nos affaires et aller au marché. Nous voyons plusieurs tracteurs venus de notre village. Nous décidons de faire un tour d'abord. Mais, quand nous revenons, il n'y a plus aucun tracteur. Nous parcourons toutes les rues. Mon frère Ma Yichao est en colère, il lance des jurons. Nous continuons de chercher un véhicule, mais voilà que mon frère a disparu. Nous nous mettons à le chercher. Nous le trouvons enfin, et nous arrêtons un tracteur qui est de notre coin. Tous les trois, nous montons sur la remorque.

Le père du chauffeur nous demande de nous répartir dans plusieurs tracteurs. Il nous dit : « Vous ne pouvez pas tous rester dans le nôtre. D'où vient l'essence ? C'est nous qui la payons. » Ces paroles me mettent hors de moi. Je voudrais sauter du tracteur et en prendre un autre, mais il n'y en a plus. Je suis obligée de rester à l'écouter. Le tracteur démarre, le bruit du moteur couvre sa voix. Je ne l'entends plus. Je baisse la tête et finis par m'endormir. Quand je me réveille, nous sommes presque arrivés à la maison.

Au moment où nous descendons, je sors de ma boîte un yuan, je le donne au père du chauffeur. Il ne peut s'empêcher de nous regarder avec mépris. Je pense dans mon cœur : « Ne prends pas tous les élèves pour des pauvres sans le sou. Il y a des élèves riches, et des élèves pauvres. Ne me prends pas pour une élève quelconque. S'il me faut répliquer haut et fort, je le ferai. Ne prends pas les élèves pour des gens qui ne savent pas répondre aux injures, ni se battre. Je suis différente des autres. Si quelqu'un m'offense, je retiendrai son nom dans mon cœur pour toujours. Je ne l'oublierai jamais. »

Samedi 9 décembre.

Cette nuit, nous nous levons pour manger avant le lever du soleil, avant d'entamer le jeûne du jour. Mon père fait ses prières. J'aide maman à faire la cuisine. Je mets la marmite sur le feu. Maman prend un peu de farine, la mélange avec de l'eau. Elle a l'intention de faire des nouilles sucrées.

Elle demande à papa ce qu'il veut manger. Il répond qu'il mangera comme nous. Maman prend une louche d'eau et commence à malaxer la pâte. Quand elle mélange la farine, sa main la fait souffrir. Elle a très mal et me demande de la remplacer. Je vais pour l'aider, mais finalement elle me retient : « Ce n'est pas la peine. Va d'abord faire tes devoirs. Si tu ne peux pas finir ton travail, tu seras battue demain. »

Je vais donc faire mes devoirs. Mais, en fait, je n'arrive pas à travailler. Je regarde maman. Sa main est très douloureuse. Elle doit quand même cuisiner maintenant pour nous préparer au jeûne. Cette femme est si gentille et courageuse. Elle traite sa grande maladie comme une petite maladie, alors qu'elle souffre tant de douleurs à l'estomac. Elle se fait un plaisir d'aider les autres. Elle est, dans mon cœur, la noblesse même.

Dimanche 10 décembre.

Cet après-midi, maman a préparé un peu de nourriture, quelques légumes, afin que nous partions pour Yuwang avant la tombée de la nuit. Si nous ne pouvions pas arriver à l'école ce soir, ce serait grave. Nous n'assisterions pas au premier cours de demain, et nous serions battus par le professeur. Je demande à maman de chauffer rapidement les légumes et de mettre dans un sac les petits pains.

Mais elle a déjà tout préparé. Je n'ai pas encore fini de laver mes cheveux, et elle trouve le temps de m'aider.

Papa et maman décident de nous accompagner un bout du chemin pour Yuwang. Au moment de les quitter, j'ai le cœur serré. Moi, je travaille pour mon propre avenir, mais pourquoi mes parents se donnent-ils tant de mal ? Espèrent-ils que la vie de leurs enfants sera meilleure que la leur ? Ou veulent-ils simplement qu'on leur fasse honneur ? Parfois, je n'arrive pas à les comprendre.

Lundi 11 décembre.

Cet après-midi, après l'école, mon frère Ma Yichao et moi finissons nos devoirs. Je demande à ma tante Ma Shiping si elle veut aller au marché. « Oui, volontiers », répond-elle. Nous sortons tous les trois. Dans la rue, je demande à mon cinquième oncle si mon père est venu. Oui, il vient de le rencontrer. Mon frère et moi cherchons notre père partout. Ce faisant, nous avons perdu notre tante Ma Shiping.

Nous allons au marché à la rencontre de notre père. Le cinquième oncle nous a dit que papa est venu acheter des légumes pour la fin du jeûne du ramadan. Nous le trouvons enfin. Il n'a encore rien acheté. Je lui demande pourquoi. Il dit qu'il veut attendre que les prix baissent, parce que les commerçants préfèrent liquider leur marchandise avant la fermeture, plutôt que de la remporter.

Papa nous demande ce que nous voulons manger. « Rien », répondons-nous en chœur. Il nous conduit néanmoins devant un vendeur de pommes, nous en achète quelques-unes, et nous recommande de les manger avec du pain. Puis il s'en retourne, et reprend le chemin du village. Il en a pour plusieurs heures de marche.

Mardi 12 décembre.

Tous les camarades disent que nous aurons un test de musique cet après-midi. J'ai peur tout d'un coup dans mon cœur.

La professeur de musique arrive. Le chef de classe crie : « Levons-nous ! » La professeur annonce : « Asseyez-vous, aujourd'hui, examen. » Mon cœur est tombé vraiment très bas. Le professeur désigne Tian Yuzhou. Il se lève et chante. Puis, chacun son tour, tous les élèves chantent. Mon tour arrive. La professeur me dit de me lever, et me demande : « Chante. » J'entonne *Petit coq aime se bagarrer*. Après ma chanson, la professeur me complimente : « Très bien ! » Mon cœur est tout de suite plein de joie. En rentrant à la maison, j'aurai une bonne note à montrer à mes parents.

Mercredi 13 décembre.

Ce matin, après la gymnastique, cours de sciences naturelles. Le professeur entre et nous lance : « Profitez donc de l'air pur de ce matin pour réciter par cœur la leçon 25, "La première neige". » Nous nous mettons à réciter.

Le professeur nous explique le texte. Je le trouve très sympathique aujourd'hui. Son cours est amusant. Depuis le début du semestre, c'est la première fois que je le vois sourire et se montrer aussi détendu. Pourtant, quand il explique le texte, je ne comprends pas bien son enthousiasme. C'est pendant la récréation que je réalise ce qu'il a voulu dire. Il nous a parlé de ce qui se passe dans les pays de neige. Dans le texte, les enfants jouent avec de la neige, se lancent des boules de neige, font des bonshommes de neige. Je crois que le professeur s'est souvenu des joies de son enfance. C'est pourquoi il était si sympathique aujourd'hui, un sourire illuminant son visage. Espérons que j'ai bien deviné.

Jeudi 14 décembre.

Le dernier cours de cet après-midi est celui de sciences naturelles. Quand le professeur a fini d'expliquer la leçon, il nous dit : « Ce que je vous apprends, je ne l'ai jamais appris aux deux autres classes. » Je ne le crois pas. Plus tard, j'ai demandé à Li Mei de la classe numéro deux de la cinquième année. Elle confirme. À ce moment seulement, je crois aux paroles du professeur Chen. Je dois bien étudier pour ne pas décevoir l'espoir du professeur en notre classe numéro un de la cinquième année[1].

1. Il existe, à chaque niveau scolaire, des « classes lentes », pour élèves à problèmes, et des « classes rapides » pour élèves plus avancés. Ma Yan appartient à la première classe de la cinquième année, la meilleure de ce niveau.

Samedi 16 décembre.

Ce matin, papa, maman, mes frères et moi, nous sommes assis sur le kang, en train de suivre une série télévisée, *Enfants héroïques*. Alors que le premier épisode s'achève, la deuxième fille de mon deuxième oncle, Huahua, arrive en courant. Elle me demande : « Petite sœur, veux-tu aller voir des funérailles ? » Je demande à ma mère si je peux sortir. Elle acquiesce. Je change alors de vêtements et j'enfile mes chaussures.

Je pars avec Huahua. Nous marchons derrière le cercueil d'une vieille femme du village que nous connaissions à peine. Nous marchons longtemps, longtemps. J'en ai assez. Mais comme j'ai déjà fait beaucoup de chemin, il n'y a pas d'autre choix que de continuer. Quand nous arrivons au terme de la procession[1], au milieu des champs, nous entendons les pleurs des filles et des belles-filles de la morte. Et mes larmes coulent aussi toutes seules.

1. En Chine, l'incinération a été rendue obligatoire pour des raisons d'espace. Cette règle, respectée dans les villes, connaît de nombreuses exceptions dans les campagnes, où les autorités tolèrent les enterrements s'ils ont lieu sur les propres terres du défunt. Il n'est donc pas rare de voir des tombes au milieu des champs, mais il n'y a pas de cimetières.

Lundi 18 décembre : il fait beau.

Ce matin, après la gymnastique, notre professeur de chinois nous conseille de réviser la première partie du livre : « Vous aurez peut-être un test. Ceux qui étudient bien auront une récompense. » Mon cœur se serre tout à coup, je suis si inquiète que je ne peux plus articuler un mot.

Les meilleurs révisent leurs leçons avec le sourire aux lèvres, la confiance se lit sur leur visage. Moi et quelques camarades, qui sommes peut-être les plus mauvais de la classe, regardons les autres réviser avec un pincement au cœur. Je crains de rester pétrifiée, comme la dernière fois, parce que je n'ai pas confiance en moi[1]. Je baisse la tête. Mais je me souviens tout d'un coup que le professeur a précisé que, si nous avons confiance et si nous étudions bien, nous ferons sûrement un bon test.

1. Ma Yan est une très bonne élève, et c'est à ses résultats qu'elle doit d'être arrivée jusque-là : chaque fois que sa mère, pour des raisons financières, a voulu la retirer de l'école, ses professeurs sont venus plaider sa cause en expliquant qu'elle devait à tout prix continuer. Une appréciation toutefois relative, le niveau d'enseignement de ces écoles rurales étant nettement inférieur à celui des villes.

Mardi 19 décembre.

Après l'école, les camarades sortent chercher le repas. Je reste seule dans la classe pour écrire. Aujourd'hui, je jeûne : il ne me reste que quelques jours avant la fin du ramadan, et je veux tenir jusqu'au bout. Je regagne ensuite mon dortoir où les camarades sont en train de manger. Elles discutent en mangeant. Je m'assois à côté d'elles, et je les écoute.

Mercredi 20 décembre.

Après l'école, je retourne au dortoir pour balayer le sol. Je n'en ai même pas fait la moitié que la chef du dortoir, Ma Jing, entre et balaie elle aussi le sol. Je lui demande pourquoi elle se donne ce mal : elle répond que c'est pour m'aider.

Quand nous avons fini, nous nous asseyons sur le lit pour nous reposer. Ma Xiao Hong et ma tante Ma Shiping entrent dans le dortoir. Elles vont se laver les cheveux, annoncent-elles. Elles chauffent une marmite d'eau et commencent à se laver. Je sors sur le pas de la porte pour écrire mon journal. Tout en se lavant les cheveux, elles critiquent mon attitude.

J'ai envie d'entrer et de les avertir que je les entends. Mais comme nous sommes camarades depuis tant d'années, je ne l'ai pas fait. Pourquoi, depuis quelque temps, les gens qui me sont les plus proches disent-ils du mal de moi ? Pourquoi me traitent-elles ainsi ? Quelle est la réponse à ce mystère ?

Samedi 23 décembre.

Cet après-midi, nous avons un test d'histoire. Notre professeur d'histoire entre ; il tient à la main les copies du test. Je n'ai pas encore eu le temps de lire mon livre de cours, et je suis très inquiète. Je crains de ne pas réussir. Mais, quand j'apprends qu'on peut s'aider du livre pendant l'examen, je suis ravie.

À ce moment, je me souviens d'une petite phrase de maman, et je décide de ne pas ouvrir le livre : je dois compter sur mes vraies capacités pour réussir cette épreuve. Après l'examen, je vérifie les réponses avec les autres : je n'arrive pas à croire que mes réponses sont tout à fait semblables aux leurs.

Il faut compter sur ses propres forces pour gagner véritablement[1].

1. Un vieux slogan maoïste disait qu'il fallait « compter sur ses propres forces ». L'image s'appliquait évidemment plus à la révolution et à la guerre qu'à l'éducation, mais Ma Yan la reprend apparemment à son compte.

Mardi 26 décembre.

Ce matin, maman prépare le repas et range la maison. Elle chauffe aussi une marmite d'eau pour que je lave mes vêtements[1]. Je verse l'eau dans une cuvette en émail et je commence ma lessive. Je n'ai lavé que deux vêtements quand plein de gens arrivent chez nous, dont ma grand-mère. Ils parlent et rient si bruyamment que j'en craindrais presque que la maison ne s'écroule. Je pense, en continuant à laver ma tenue, que c'est à la maison qu'on a le plus de joie, qu'on oublie tous ses malheurs.

Jeudi 28 décembre.

Ce matin, maman est malade. Elle a des douleurs à l'estomac qui la font beaucoup souffrir. Je fais donc tout le ménage de la maison. Je cuisine un peu de nouilles pour elle, et du riz jaune pour nous tous. Après le repas, je lave la marmite. Puis mes frères et moi sortons nous amuser.

---

1. Ma Yan n'a qu'une seule tenue pour l'école : un chemisier blanc et un pantalon de toile rouge, un ensemble que sa mère lui avait acheté à la fin de l'année scolaire précédente, pour participer à une cérémonie de la fête des Enfants au cours de laquelle Ma Yan devait recevoir une récompense. Elle lave donc sa tenue tous les week-ends chez elle, pour pouvoir la porter de nouveau le lundi matin à l'école.

Deuxième partie

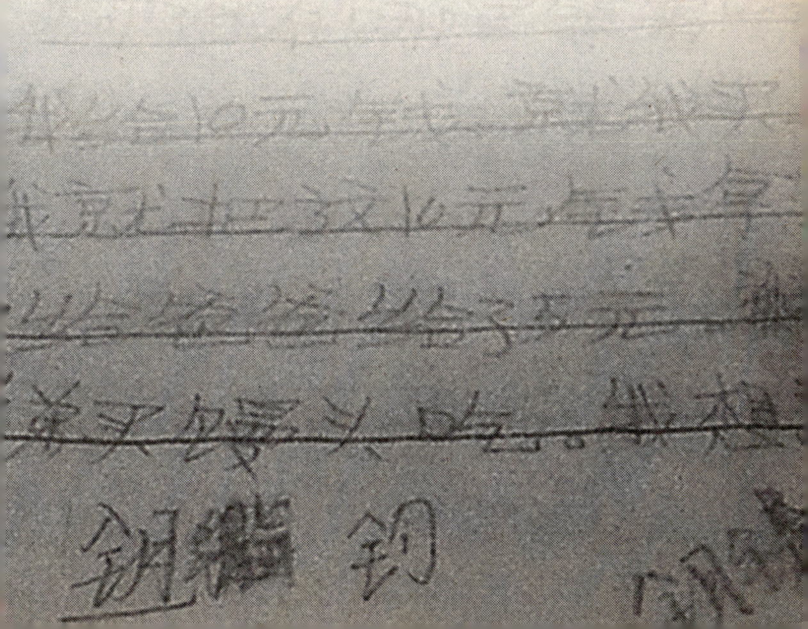

Le journal de Ma Yan reprend le 3 juillet 2001, après une interruption de six mois au cours de laquelle elle a bien failli ne plus aller à l'école. Six mois pendant lesquels elle a continué à tenir son journal, mais ses écrits sont... partis en fumée. Son père a en effet pris l'habitude de rouler ses cigarettes avec des feuilles prélevées dans les anciens cahiers d'école de ses enfants. Il a utilisé, sans savoir de quoi il s'agissait, le journal intime de sa fille... Début juillet, Ma Yan s'apprête à rentrer dans son village pour les vacances d'été, après avoir passé un examen d'entrée au collège pour filles de Tongxin, le chef-lieu du district.

Mardi 3 juillet [2001]. Il fait beau.

Hier, je suis revenue de Tongxin, le chef-lieu du district. C'était la première fois que j'allais à Tongxin. Sans cet examen, je n'aurais peut-être jamais, de ma vie, eu l'occasion de connaître le monde extérieur.

Cette nuit, j'ai dormi à côté de mes meilleures amies, Ma Zhonghong et Ma Xiao Hong. Je me suis levée très tôt ce matin pour aller au marché chercher un tracteur venu de mon village. Les gens m'assurent que le tracteur est arrivé, mais je ne le trouve pas. Je m'assois donc à l'entrée du marché et j'attends mon père. Le véhicule n'arrive pas, mon père non plus. Les larmes aux yeux, je retourne à l'école prendre mon sac. Je cherche le professeur Chen pour qu'il m'ouvre le dortoir, mais malheureusement il n'est pas là. Je suis obligée de passer par la fenêtre. Je sais que c'est une mauvaise habitude, mais il n'y a pas d'autre moyen.

Quand je prends mon sac, les larmes coulent jusque sur mes vêtements. Les autres enfants partent eux aussi en vacances, mais leurs parents sont là pour porter leurs affaires. Moi, j'ai pris mes bagages en passant par la fenêtre, ce qui est déjà une mauvaise chose. Sur la route, le soleil me brûle, mes yeux ont du mal à s'ouvrir. Mon dos est trempé de sueur, comme s'il venait d'être arrosé par un seau d'eau. Est-ce à cause du soleil brûlant, ou parce que je porte trop de bagages ?

Au marché, je trouve enfin un tracteur de mon village. J'y dépose toutes mes affaires, et je pars à la recherche de mon père. Je ne le trouve pas, mais je rencontre mon troisième oncle. Il me demande si j'ai mangé. Comme je réponds que non, il m'invite alors à manger plus loin. Nous arrivons devant deux jeunes femmes. Toutes deux nous proposent d'entrer dans leurs restaurants. Nous entrons chez l'une, et immédiatement l'autre commence à nous insulter.

La femme chez qui nous nous restaurons affirme, en me montrant : « Cette fille mange souvent ici. » Je suis très surprise de l'entendre dire ça. Ce semestre, je n'ai jamais mangé ici. Après le repas, je me sens mal. N'est-elle pas obligée de mentir parce qu'elle est pauvre ? Si ses affaires marchaient mieux, elle n'aurait pas prétendu une chose aussi fausse.

Mercredi 4 juillet. Il fait beau.

Cet après-midi, ma mère et moi rendons visite à mes grands-parents paternels. À notre arrivée, mon grand-père est assis sur le pas de la porte, il garde les enfants de mon cinquième oncle. C'est chez cet oncle qu'habitent mes grands-parents. Nous lui demandons où est ma grand-mère : il répond qu'elle est dans la grande grotte creusée par mon oncle à côté de sa maison. J'y cours. Je croyais que ma grand-mère était en train de préparer un bon repas. Une fois à l'intérieur, je vois d'abord ses cheveux blancs et ses vêtements pleins de terre. Elle remue du foin. Je lui demande ce qu'elle fait. Elle répond que l'âne n'a plus rien à manger et qu'elle lui prépare du fourrage.

Je baisse la tête et réfléchis : quelle utilité a-t-on dans ce monde ? Ceux qui ont du travail peuvent apporter leur contribution au pays. Ceux qui n'en ont pas ne font que dormir et manger. Ma grand-mère est arrivée dans ce monde il y a soixante-dix ou quatre-vingts ans. Pourquoi n'a-t-elle jamais connu une vie un tant soit peu heureuse ? Peut-être a-t-elle mécontenté le Ciel, ou bien son destin est décidément mauvais... Cinq mois après sa naissance, sa mère a disparu de ce monde. Elle a été élevée par sa grand-mère maternelle. Puis elle s'est mariée avec mon grand-père pour vivre cette vie harassante.

Vendredi 13 juillet. Il fait beau.

Cet après-midi, après avoir fauché le blé, ma mère s'est lavé les mains. Elle a commencé à préparer du pain pour que nous ayons à manger demain aux champs.

Mon père est assis sur le seuil de la porte, il roule ses cigarettes. Je vais me laver les cheveux. Mes deux frères étalent une bâche de plastique dans la cour, parce qu'en ce moment il fait trop chaud dans la chambre, alors nous dormons en plein air.

Ma mère finit de cuire les pains à la vapeur. Elle appelle mon père pour qu'il vienne dîner. J'entre après lui. Je prends un bol de riz noir, et je l'avale. Le bol vidé, je veux me resservir, mais mon frère a déjà tout fini. Je demande à ma mère si je peux prendre un petit pain. « Non, c'est pour demain », m'informe-t-elle. Elle ne me laisse même pas en grignoter un tout petit.

Je sors dormir dehors. Je regarde les étoiles, et je réfléchis : est-ce parce que je n'ai pas réussi l'examen d'entrée au collège des filles que ma mère est si en colère ? Je commence à lui en vouloir, elle qui refuse même que je mange à ma faim avant de dormir. Mes larmes coulent. Mais je pense aussi qu'elle a ses raisons d'être en colère. Pourquoi se donne-t-elle tant de mal ? C'est toujours pour nos études, pour que nous ayons plus tard un bon travail, une famille heureuse.

Je dois bien étudier. Bien que j'aie échoué[1] cette fois, je suis déterminée à entrer au lycée dans trois ans. Je ne décevrai pas mes parents.

---

1. Ma Yan a appris par des rumeurs qu'elle a échoué à l'examen d'entrée au collège de filles du district. Elle se retrouvera donc au collège de Yuwang, d'un niveau inférieur.

Samedi 14 juillet. Il fait beau.

Cet après-midi, alors que je viens de me réveiller de ma sieste, quelqu'un arrive chez nous. C'est le fils d'un homme riche du village. Son père s'appelle Ma Zhanchuan. Les villageois le surnomment Lao Gan, « vieux sec », parce qu'il est très sec. Son fils vient demander à mon père si nous voulons bien couper du blé pour eux[1]. Mon père va les voir. À son retour, je lui demande si nous avons accepté ce travail. « Oui », me répond-il.

Toute la famille part donc dans leurs champs pour couper leur blé. Ils prétendent qu'ils n'ont que treize mu, mais, à mon avis, cela fait au moins seize mu. Alors que nous travaillons, ma mère se dresse et nous

La famille tout entière travaille aux champs.

1. Les paysans les plus pauvres, comme la famille de Ma Yan, louent leurs services pendant les récoltes aux familles plus aisées, qui ont plus de terres qu'eux.

annonce : « Quand nous aurons fauché le blé, je vous donnerai dix yuans chacun. Vous pourrez manger ce que vous voudrez au marché. » Je saute littéralement de joie, quand j'aperçois tout à coup une camarade qui a réussi l'examen d'entrée au collège de Tongxin. Mon cœur part je ne sais où. Je n'arrive pas à détacher mon regard d'elle. Mes yeux se troublent, il me semble que la montagne et le ciel bougent. Maman me regarde et me demande ce que j'ai. « Rien, rien », lui dis-je.

Je m'accroupis de nouveau. Quel droit ai-je d'acheter de bonnes choses au marché ? Je n'ai même pas réussi à entrer dans un bon collège ! N'ai-je pas honte de manger de bonnes choses ? Je dois bien étudier pour ne pas rater la prochaine occasion, pour ne pas décevoir mes parents.

Dimanche 15 juillet. Il fait beau.

Cet après-midi, à quatre heures, après notre sieste, ma mère commence à préparer le repas. Je l'aide à faire du feu. Après avoir mangé, toute la famille repart sur le plateau pour faucher le blé. Peu de temps après, ma mère fait des bottes avec le blé coupé. Elle s'assoit soudain, toute pâle, et murmure doucement que ses maux d'estomac semblent recommencer. Elle est assise dans le blé, nous continuons à faucher avec nos faucilles.

Les larmes et la sueur de la douleur coulent sur le visage de ma mère, ses yeux sont rouges, ses mains se contractent sur son ventre. Mon père lui dit de rentrer. Non, elle repartira avec nous, dit-elle. Je baisse la tête et réfléchis : pourquoi ma mère vient-elle couper le blé alors qu'elle est si gravement malade ? Oui, pourquoi ?

Pour nous, bien sûr ! Pour que nous ne menions pas une vie aussi pénible que la sienne, que nous ayons une vie heureuse. Et moi, qu'est-ce que j'ai fait en échange ? Je n'ai même pas été capable de lui rapporter l'honneur de la réussite à l'examen.

Mardi 17 juillet. Il fait beau.

Ce matin, alors que nous coupons du blé dans les champs, je ne sais pas pourquoi mes jambes soudain me font si mal. Je m'assois donc un moment. Ma mère se met à me critiquer : « Tu exagères ! » Mon petit frère Ma Yiting renchérit : « Ceux qui ont étudié exagèrent tous. Regardez l'autre camarade, là-bas, il lui faut une demi-heure pour se lever ! » Et ma mère ajoute : « Même si cette fille exagère, elle a rapporté un honneur à ses parents. Elle a réussi son examen. Vous, vous me décevez trop. »

À ce moment-là, des larmes dont j'ignore la source se mettent à couler, sans arrêt. Ma mère est toujours excessive dans ses propos. Elle dit, redit les choses, elle insiste. Comment le supporter ?

Je ne dois pas lui en vouloir. Au fond, je n'en veux qu'à moi. Si j'avais réussi à entrer au collège des filles, elle n'aurait pas eu ces mots blessants. Elle a ses propres problèmes. Si elle travaille dur, c'est pour que nous puissions aller à l'école. Dans le village, je suis bonne en beaucoup de matières, et peu d'élèves me dépassent. C'est pourquoi ma mère voulait que je réussisse l'examen du collège des filles. Mais je l'ai déçue. Comment ne le serait-elle pas ? Elle doit être très contrariée.

Samedi 28 juillet. Il fait beau.

Cet après-midi, vers trois heures, ma mère est si malade qu'elle ne peut même pas se lever. Mon frère et moi allons chercher des médicaments pour la soigner. Nous lui massons le ventre avec une crème[1]. Nous n'avons pas encore fini quand mon deuxième cousin, Ma Yiwu, fils du frère aîné de mon père, arrive. Ce garçon de vingt-cinq ans vient de finir ses études dans une école technique, mais il a du mal à trouver du travail. Il prétend qu'un bon travail dans une entreprise s'achète par la corruption.

Il entre dans la maison et s'assoit au bord du lit. Il a l'air bien embêté. Ma mère lui demande s'il a trouvé du travail. Mon cousin répond : « C'est facile de trouver du travail, mais il faut payer sous le manteau. Si j'avais deux mille yuans, je pourrais entrer dans une entreprise. Le problème, c'est l'argent. Ma famille n'a pas d'argent. Dans quelques jours, je partirai pour faire n'importe quel boulot. Quand j'aurai gagné cet argent, ce ne sera pas difficile de trouver un vrai travail. »

Je suis assise sur le tabouret, et je regarde les larmes qui semblent surgir dans ses yeux. Quand je vois ses cheveux déjà blancs, et son visage torturé, mon cœur se brise. Pourquoi les enfants de deux générations de militaires n'ont-ils pas de travail ? Aujourd'hui, un petit-fils de militaire est diplômé, mais il n'a pas d'argent et ne trouve pas de travail. Est-ce que le Ciel est aveugle ? Ne sait-il plus qu'aider les plus

1. Un onguent utilisé dans la médecine traditionnelle chinoise.

méchants ? Se moque-t-il de la vie ou de la mort des bons ? Comme c'est injuste !

Je ne sais pas où s'en est allé mon deuxième cousin[1]. J'espère qu'il trouvera vite un bon travail, et j'en serai contente pour lui.

Dimanche 29 juillet. Il fait beau.

Cet après-midi, après le repas, maman m'appelle par mon surnom : « Haha, prends un sac, va couper de l'herbe pour l'âne. » Je sors donc toute seule. Le soleil est brûlant, et m'accable de sa chaleur[2]. Je ne sais pas quand j'ai fâché le Ciel pour qu'il me punisse de cette manière. Mon visage est presque brûlé. En gravissant la pente de la colline, je ne peux même pas ouvrir mes yeux. Est-ce que maman veut me punir en me demandant de travailler sous ce soleil ? Il n'y a personne d'autre que moi qui coupe de l'herbe pour l'âne.

La sécheresse sévit depuis des années, et il n'y a pas beaucoup d'herbe sur la colline. Je prends la

1. Depuis, ce cousin de Ma Yan s'est installé à Yinchuan, la capitale de la région autonome du Ningxia, où il a trouvé un modeste emploi. *Dimanche 29 juillet. Il fait beau.*

2. Les températures estivales peuvent atteindre près de 40 °C, avec un soleil de plomb. Surtout ces dernières années, avec la sécheresse qui a frappé plusieurs années consécutives le nord de la Chine, et en particulier cette région du Ningxia. Ce cycle s'est interrompu en 2002, où toute la Chine a connu une pluviométrie exceptionnelle. Dans le sud du pays, les pluies ont malheureusement provoqué des inondations catastrophiques, faisant plus de mille morts. Au Ningxia, comme dans d'autres régions du nord et du nord-ouest, les pluies abondantes ont permis les meilleures récoltes depuis vingt ans. En juillet 2002, Zhang Jia Shu avait exceptionnellement pris des couleurs.

faucille, mais, tout en coupant les herbes sèches, je ne peux pas empêcher mes larmes de couler.

Maman me punit ainsi. Si j'avais été reçue au collège des filles, elle aurait demandé à mes deux frères de m'accompagner. Comme je n'ai pas été retenue, je suis la seule à souffrir. Mais peu importent la souffrance et la fatigue ! Je dois poursuivre mon idéal avec courage, en faisant toujours de mon mieux. Mais je ne sais pas si j'atteindrai un jour ce but lointain.

Lundi 30 juillet. Il fait beau.

Cet après-midi, comme je veux écrire mon journal, je ne trouve plus mon stylo. Je demande à mes frères : non, ils ne l'ont pas vu. Je le cherche là où j'écrivais mon journal hier, je ne le trouve pas non plus. Je demande à ma mère. Elle répond qu'hier elle a vu que j'avais laissé mon cahier et mon stylo sur le lit, elle a eu peur qu'ils ne s'égarent et les a mis dans le tiroir. Mais je ne trouve toujours pas le stylo. Mon cœur est brisé.

Vous allez peut-être vous mettre à rire : « Quelle importance ? Un stylo ! Comment peut-il te rendre si triste ? » Si vous saviez le mal que j'ai eu pour avoir ce stylo ! Je n'ai pas dépensé mon argent de poche pendant deux semestres. Certains de mes camarades avaient deux ou trois stylos, mais moi je n'en avais aucun, et je n'ai pas résisté à l'envie de l'acheter.

Mes difficultés pour avoir ce stylo sont à l'image de toutes nos difficultés. Ma mère m'avait donné de l'argent pour que je puisse acheter du pain. Depuis des jours, je n'avais que du riz jaune à manger. J'ai préféré avoir faim et économiser, et j'ai pu acheter ce stylo. Pour ce cher stylo, combien j'ai souffert !

Ensuite, j'ai eu un autre stylo. Je l'ai gagné à la fête des Enfants, le 1er juin. Parce que j'ai été élue bonne élève, j'ai reçu ce prix. Désormais, je ne manque pas de stylo.

Mais mon cher stylo, lui, m'a donné un sentiment de force, il m'a fait comprendre ce qu'est une vie difficile, ou une vie heureuse. Chaque fois que je le vois, c'est comme si je voyais ma mère. C'est comme si elle m'encourageait à bien étudier pour entrer au collège des filles. Mais j'ai déçu ma mère, je suis un poids inutile. Je mène à l'école une vie qui ne mérite pas d'être vécue. Je n'ai même pas réussi à entrer dans le collège des filles. À quoi bon vivre ?

Mais j'ai confiance. Je dois absolument réussir. Je trouverai un travail idéal, et j'en serai satisfaite.

Samedi 4 août. Il fait beau.

Ce matin, papa est parti labourer les champs. Personne n'est allé lui apporter du pain. Mon frère Ma Yichao dit qu'il y va, mais me demande d'aller couper de l'herbe pour l'âne. Je prends le panier et la faucille, et je sors. Je passe devant la maison du quatrième oncle, j'appelle mon autre frère Ma Yiting qui s'y trouvait, et nous partons. Quelques enfants nous suivent. Nous faisons route ensemble. Nous coupons chacun un sac d'herbe, puis nous rentrons chez nous en papotant et en riant. Ils ont tous l'air très contents. Peut-être croient-ils que leur travail du jour est terminé, que c'est à leur tour de réclamer des choses... Continueront-ils longtemps à vivre de cette manière absurde ?

Je dois bien étudier. Quand je serai grande, je ferai en sorte que les enfants vivent des jours heureux, qu'ils ne soient plus empêtrés dans des questions d'argent, comme c'est le cas actuellement chez nous. S'ils ne vont pas à l'école, je leur demanderai de cultiver de l'herbe, d'élever des bœufs et des moutons. Ainsi, le revenu d'un an leur suffira pour vivre... Mais je planifie déjà ma vie future, alors que je ne sais pas encore si je pourrai réussir. Espérons que je réussirai.

Dimanche 5 août. Il fait beau.

Cet après-midi, mes parents sont revenus du travail aux champs. Ils s'endorment sur le lit. Je sors pour abreuver l'âne et lui donner de l'herbe à manger. Quand je rentre dans la chambre, je vois que mes parents dorment profondément. Je ne les réveille pas. Je trouve un peu de bois à brûler, un peu de bouse de vache, je les rapporte devant le poêle. Je sors les cendres du foyer, et commence à allumer le feu. Mais je n'y arrive pas, le feu ne prend pas, et je m'évertue en vain, à en mourir.

À ce moment, je comprends la peine de maman quand elle prépare le repas. Surtout pour alimenter le feu dans le poêle. Je tente une seule fois de faire le feu, et je crois que je vais mourir... Comment maman a-t-elle pu s'occuper du feu, et de la cuisine, si longtemps ?

Sur le kang, le grand lit de ciment, un des rares moments heureux où toute la famille est réunie.

J'ai commencé la cuisine à l'âge de sept ans. Il y a déjà de nombreuses années. J'ai aussi fait du feu dans le poêle quelquefois, mais j'étais toujours avec mes frères. Aujourd'hui, je suis seule, et je dois y parvenir.

Enfin, j'ai réussi à allumer le poêle, et je peux me mettre à la cuisine. Quand le repas est prêt, je réveille mes parents pour qu'ils mangent.

Pendant le repas, maman commence à raconter des histoires de son enfance. C'est si agréable de l'écouter ! Elle rit, et ses yeux aussi ont l'air de rire. J'espère qu'elle rira toujours, qu'elle n'aura plus d'ennuis ni de raisons d'être triste.

Pourvu que mon souhait se réalise !

Jeudi 9 août. Il fait beau.

Ce matin, mes deux frères sont allés couper de l'herbe pour l'âne, pendant que papa travaille sur l'aire de séchage. Maman est malade, elle est restée dans la chambre. Je fais du feu pour préparer le repas. Le feu n'est pas encore allumé que mes frères reviennent déjà. Je leur demande pourquoi ils ont fait si vite. Ils m'expliquent : « Nous avons envie de travailler aujourd'hui. Quand nous aurons fini de manger, sœur She, une camarade du village, doit nous retrouver pour aller couper de l'herbe à Wang Shanwa, à une heure de marche d'ici. »

Peu de temps après, le repas est prêt. Sœur She arrive. Je remplis deux bols pour mes parents, je donne aussi un bol à sœur She, mais elle ne veut pas manger. Alors, je le donne à mon frère. Nous sommes assis sur l'aire nouvellement aménagée, et nous parlons en riant. Sœur She raconte : « Quand nous partons chercher du fa cai, nous nous amusons beaucoup. La grand-mère de mon cinquième oncle chante en ramassant l'herbe. Et puis elle danse. Tous les gens au sommet de la montagne cessent de ramasser l'herbe et se mettent à la regarder. Elle attire l'attention de tout le monde. Les gens disent que cette femme est peut-être vieille, mais qu'elle a un cœur joyeux, un caractère ouvert. »

Cette explication, je n'y crois pas. Je pense que cette femme est triste, et malheureuse sans doute. Comment je le sais ? Parce que ma mère a fait ce travail elle aussi. Alors, cette grand-mère qui est allée chercher de l'herbe toute sa vie, jusqu'à sa vieillesse… qui n'a jamais porté un vêtement décent… qui devait gagner de l'argent pour trouver une bonne épouse à son fils… Aujourd'hui, sa vie est tellement sans attraits que sa seule joie est de danser. Si elle ne danse pas maintenant, elle n'en aura plus guère le temps.

Pourquoi est-ce que nous vivons ? Les gens riches meurent après avoir connu tous les plaisirs. C'est une mort heureuse. Les gens qui n'ont pas d'argent vivent avec des larmes dans les yeux. S'ils meurent, c'est une mort douloureuse. Voilà la vérité.

Comme pour une bonne partie des paysans chinois, le travail de la terre ne suffit pas à nourrir les habitants du triangle de Xi Hai Gu. C'est un jeu de mots qui a fait le bonheur des plus pauvres, avant de les plonger dans l'illégalité : *fa cai*. Les deux caractères, qui désignent un légume poussant à l'état sauvage dans les steppes du nord-ouest de la Chine, l'« herbe-cheveu », signifient aussi « faire fortune ». Tel est également le vœu que s'adressent les Chinois au moment du Nouvel An lunaire. L'homonymie a séduit les Cantonais et les Hongkongais qui, à l'affût de tout porte-bonheur, se sont mis à consommer, dans les années 1990, de grandes quantités de fa cai, en soupe ou en salade. Le prix de ce légume sans grande saveur et sans qualité nutritive particulière, venu des steppes lointaines et arides, a aussitôt flambé.

Cette passion des Chinois du Sud, née de la superstition, permet à des centaines de milliers de paysans, dont la famille de Ma Yan, de survivre en récoltant le fa cai. Mais, longtemps tolérée, cette pratique a toutefois été interdite en l'an 2000 par le gouvernement, afin de protéger l'environnement. Selon les experts de Pékin, plus de 130 000 km^2 de la seule Mongolie-Intérieure ont été rendus désertiques par l'arrachage du fa cai. C'est une des causes des violentes tempêtes de sable qui, chaque printemps, affectent Pékin et traversent les mers jusqu'en Corée et au Japon. Un rapport américain de 1998 le confirme, c'est « l'activité humaine, pas les changements climatiques, qui semble être la principale cause de la désertification de la Mongolie-Intérieure », accusant « deux cent mille paysans appauvris, principalement issus de la minorité Hui de la région autonome du Ningxia, qui dévastent les pâturages de Mongolie-Intérieure ».

L'interdiction est sans doute dictée pour des raisons valables, mais elle menace de plonger dans la misère absolue les plus pauvres des pauvres, qui n'ont pas d'autre moyen de subsistance.

Nous les avons croisés au bord d'une route, près de la ville de Tongxin : une vingtaine de paysannes s'entassaient à l'arrière de la remorque d'un tracteur rudimentaire, assises sur des ballots, le visage recouvert pour se protéger du vent et du sable. Au rythme lent de leur attelage, elles rejoignaient avec leur précieuse cargaison leurs villages des montagnes, au sud de la province. Dans leurs ballots, le fa cai, une herbe sèche et noire comme une algue, fine comme des cheveux, représente pour elles de l'or. Pendant deux semaines, à plus de quatre cents kilomètres de chez elles, aux confins du Ningxia et de la Mongolie-Intérieure, elles ont arraché le « caviar des steppes ». La plupart de ces paysannes sont très jeunes, mais plusieurs femmes âgées et deux hommes se sont joints au groupe, parti en expédition avec une réserve de nourriture et d'eau. La cueillette du fa cai est leur principale activité depuis des années : parfois vingt ans pour les plus anciennes. L'interdiction, entrée en vigueur le 1er août 2000, ne les a pas découragés. « Même si nous avons peur, nous n'avons rien à manger. Nous n'avons pas le choix », expliquent ces femmes venues de villages situés dans des zones frappées par la sécheresse. « Chez nous, il n'y a pas d'électricité, pas d'eau, rien ne pousse. Je dois vendre le fa cai pour nourrir mes enfants », dit la plus vieille des femmes, dont le visage est marqué par une vie de misère.

Pour ce travail pénible et interdit, les paysans espèrent gagner 60 à 70 yuans chacun, une fois déduits les frais de transport – 25 yuans par personne – et de nourriture. Une somme dérisoire dans la Chine d'aujourd'hui, mais non négligeable pour des familles dont le revenu moyen ne dépasse pas quelques centaines de yuans par an. Certains ne rentrent chez eux que pour une semaine ou deux avant de reprendre la route du Nord, tant qu'il y a de l'herbe à couper. Au risque de se faire arrêter par la police, pire encore, de tomber sur des éleveurs mongols, furieux de voir disparaître leurs pâturages, qui n'hésitent pas à attaquer ces paysans venus d'ailleurs. Le rapport américain de 1998 faisait d'ailleurs état de batailles rangées entre Mongols et Hui, soulignant l'impuissance de la police : « l'ensemble du budget de carburant d'un mois entier peut être employé en quelques jours à la recherche de ces groupes »... Auparavant, les paysans allaient revendre leur récolte sur de grands marchés urbains, comme à Tongxin. Quelque quatre mille personnes s'y retrouvaient régulièrement, et le fa cai était devenu la première activité de la ville, qui abritait également une usine de traitement de l'herbe employant trois cents ouvriers. Dans une commune voisine, un responsable local nous confie que 70 % de la population a une

activité liée au fa cai, qui assure plus du tiers du revenu local. Pas une famille qui n'ait son histoire de fa cai à raconter, et le journal de Ma Yan montre le rôle que joue cette herbe dans l'économie de la région.
Tout cela a officiellement pris fin en l'an 2000, sans que rien n'ait été prévu pour compenser ce manque à gagner.
Depuis l'interdiction, un trafic clandestin s'est donc constitué : des intermédiaires viennent du sud de la Chine pour acheter, de village en village, le fa cai des paysans. Les prix ont diminué, car les paysans isolés sont en moins bonne situation pour négocier qu'au marché libre. Les intermédiaires empochent les plus gros bénéfices : les prix sont trois à quatre fois plus élevés à la revente. Et, à l'arrivée, dans les restaurants huppés de Hong-Kong, la soupe de fa cai, qui porte bonheur, peut coûter jusqu'à 500 dollars hongkongais (environ 80 euros). Sur un site Internet de la diaspora chinoise consacré au « symbolisme culinaire », on peut même trouver la recette d'un mets recherché – des huîtres séchées au fa cai : « un heureux événement qui apporte la for-

Sur les routes du Ningxia, les tracteurs chargés de femmes éreintées, de retour de la récolte du fa cai.

tune »... De fait, les autorités locales, sensibles au sort des paysans dans cette province décrétée la plus pauvre de Chine, semblent peu motivées pour faire respecter le diktat venu de la lointaine capitale. Le nombre de ces drôles de tracteurs chargés de femmes et de ballots bourrés d'herbe que nous avons croisés, en plein jour, sur les routes du Ningxia atteste l'absence de répression du trafic. « Nous devons appliquer les directives venues de Pékin, il faut d'abord penser à l'intérêt général », affirme sans conviction un cadre local communiste dans un village, qui recommande aux habitants sans ressources d'aller « chercher du travail ailleurs ». Un officiel reprend devant nous une femme qui raconte qu'elle vient de ramasser le fa cai : il lui conseille de dire plutôt qu'elle « revient de voyage »... Là encore, l'important est de ne pas perdre la face. Dans les maisons voisines, tous les paysans le confirment, ils continuent à cueillir l'« herbe cheveu », faute de mieux. « Si les policiers nous prennent, ils saisissent la récolte et parfois nous frappent », dit une jeune fille. Mais, pas plus que ses voisines, elle n'hésitera à repartir vers les steppes, plus au nord. Pour elles, fa cai ne signifie pas « s'enrichir », mais simplement « survivre ». « Tout le monde ici vit du fa cai », lance une autre, qui montre, en guise d'explication, les champs soigneusement labourés et plantés, dans lesquels rien ne pousse par manque d'eau.

Samedi 11 août. Il fait beau.

Aujourd'hui, à la mi-journée, je finis de manger, puis je vais dans la cuisine laver la marmite. Mes parents et mes deux frères restent dans la chambre pour regarder un film à la télévision. Je nettoie la marmite et reviens dans la chambre pour écrire mon journal.

Maman se sent très mal. Toujours ses douleurs à l'estomac. J'écris quelques mots que je colle sur la porte : « Maman est malade, elle se soigne. N'entrez pas s'il n'y a pas d'urgence. Revenez plus tard. » Je n'ai pas fini d'écrire que maman m'appelle : elle a mal au cœur, elle a des nausées, les médicaments traditionnels ne lui ont rien fait. Je viens à côté d'elle, elle prend ma main et ne la lâche plus. Elle se sent toujours mal. J'appelle papa pour qu'il vienne à ses côtés. Mais papa la rabroue. Maman pleure et rit.

Je meurs de peur. Je ne sais pas pourquoi maman a tant de maladies bizarres ces dernières années. Quand elle a une crise aiguë, toute la famille est aux abois. Le plus grave, c'est que, quand elle est malade, la sueur coule comme de l'eau sur son visage. Comment peut-elle résister ? À sa place, je serais morte de douleur. Je souhaite sincèrement qu'elle se rétablisse au plus vite.

Dimanche 12 août. Il fait beau.

Demain, je dois partir au loin ramasser le fa cai. Je reprends le chemin qu'a emprunté si souvent ma mère. Maintenant qu'elle est malade, je dois partir avec mon père et mon frère pour chercher le fa cai, afin que nous puissions vivre. Et soigner ma mère. Et puis, je veux gagner un peu plus d'argent, pour réaliser mon rêve. Je veux aller faire des études au district. Mais, depuis que maman est malade, notre vie est si difficile ! Je ne comprends vraiment pas pourquoi le Ciel me traite de cette manière, pourquoi il est si injuste avec moi.

Lundi 27 août. Il fait beau.

Ce soir, je suis en train de réparer une boîte en bois quand maman nous demande, à mon frère et à moi, d'aller couper un peu d'herbe derrière la cour pour l'âne qui n'a pas mangé de toute la journée. Nous y allons donc. Mon frère n'a arraché qu'une poignée d'herbe, quand il s'arrête pour aller faire pipi. Il est parti depuis bientôt dix minutes et ne revient pas. Je l'appelle, il revient et marmonne : « Je n'arrive pas à l'arracher, il faut que j'aille prendre une bêche. » Il disparaît de nouveau. J'ai le temps de couper presque un sac entier d'herbe, je l'appelle en criant. Il revient avec un peu d'herbe, et il a le toupet de me demander pourquoi je ne vais pas en couper aussi. Je lui dis que j'ai déjà fini, et que c'est son tour maintenant.

Maman recommence à me gronder : « Jusqu'à quand veux-tu que je te serve ? Depuis que tu es rentrée, tu es comme un mandarin. » Je ne comprends pas ce que signifie le mot mandarin[1]. Elle ajoute : « Tu es comme ma mère, comme ma grand-mère. Je te sers. Je t'ai élevée. Tu crois que tu étudies bien ? J'ai trop honte de toi. La fille de la famille Yang est plus jeune que toi, mais elle a été reçue au collège des filles. Et toi ? Tu m'as trop déçue. Déchire tous ces livres. Ce n'est pas la peine d'aller à l'école demain. Toi et tes ancêtres, qui êtes-vous ? Tes ancêtres mendiaient pour manger. Même si je paie tes études, que pourras-tu faire ? Il vaut mieux que tu meures maintenant. Tous les jours, j'espère que tu vas mourir. Si tu meurs, je t'enterrerai sous un peu

1. Les mandarins étaient les hauts fonctionnaires de l'empire chinois, recrutés parmi les lettrés.

de terre, et je serai tranquille au moins pendant quelques jours. »

Sur le coup, je suis bouleversée. Je ne sais pas pourquoi maman parle ainsi. Est-ce parce qu'elle est en colère, ou pense-t-elle vraiment ce qu'elle dit ? En tout cas, elle a tort. Pourquoi ne se met-elle pas à ma place ? Demain, je dois partir. Et qu'est-ce que je ressens ? J'ai du mal à quitter ma famille, à quitter ma mère. Je n'ai pas le cœur léger. Et quand maman me parle ainsi, des larmes inondent mon cœur. Je me dois de la contredire, je dois gagner des honneurs, pour ma mère et pour mes ancêtres. Je veux qu'ils soient tranquilles et fiers de moi, sous la terre.

Le poids du passé

Les origines de la famille paternelle restent un sujet douloureux et sensible, qui resurgit dans les moments de tension. Outre les souffrances que lui ont values ses origines, le grand-père paternel de Ma Yan – ce fils de mendiant « vendu » à un propriétaire terrien (*voir pages 91-92*) –, a connu un retour difficile au village après ses longues années de guerre. Il n'y avait pas de travail, et l'ancien combattant a eu apparemment beaucoup de mal à se réadapter à la vie civile.

On parle avec beaucoup de pudeur, dans la famille, de cette réinsertion ratée qui rejaillit sur le père de Ma Yan. Cette ascendance infamante, qui le place au bas de l'échelle sociale dans un monde rural resté très conservateur, aggravée par une absence de réussite économique, en fait une tête de turc idéale dans le village. Et même, parfois, pour sa femme dans les moments de colère. Selon Bai Juhua, son mari s'est sans doute « fait avoir parce qu'il ne savait pas lire » au moment du partage des terres à la fin de la collectivisation, au début des années 1980 : il lui est revenu moins de surface que sa part normale. Aujourd'hui, le père de Ma Yan, bien qu'ancien militaire, fier d'avoir porté l'uniforme, se retrouve avec huit mu. Un officiel avance une autre explication : quand le partage des terres a eu lieu, Ma Dongji était encore célibataire et n'a donc reçu que sa propre part. Désormais, cinq personnes doivent vivre sur cette parcelle. Situation inextricable, fruit des vicissitudes de l'histoire. Avec aussi peu de terres, avec des techniques agricoles ancestrales, et surtout avec les années de sécheresse, la famille de Ma Yan a peu d'espoirs de voir sa situation s'améliorer…

Mardi 28 août. Il fait sombre.

Ce matin, vers six heures, mon père prépare la charrette et l'âne. Il nous emmène, mon frère Ma Yichao et moi, à Yuwang. C'est la rentrée des classes. Notre première année dans ce collège. Dès que nous sommes arrivés, mon père nous aide à descendre les bagages, puis il repart. Je reste seule avec mon frère. La sonnerie annonce le début des cours. Je ne suis pas dans la même classe que Ma Yichao. Il part dans une direction, moi dans une autre.

Quand j'entre dans la salle, le professeur d'anglais me demande pourquoi je suis dans la classe quatre. Je lui réponds : « Peut-être parce que je n'étudie pas bien. » Il m'interroge : « Pourquoi penses-tu ainsi ? Cette année n'est pas comme la précédente, lorsque les meilleurs étaient dans la classe un, deux, trois. Cette année, les classes ont été constituées sans tenir compte de votre niveau. J'espère que tu ne seras pas découragée. » Je retiens dans mon cœur ce que me dit le professeur. Après m'avoir dit de m'asseoir, il est sorti.

Les camarades font beaucoup de bruit, comme des souris qui se bagarrent une fois le chat parti. Ma tête résonne comme si elle était vide. Ces garçons et filles sont un peu plus grands que moi, ils ont la bouche pleine d'injures. Ils n'ont pas l'air de collégiens. Notre petite classe contient plus de soixante-dix élèves. Imaginez que chacun lance une seule phrase, quel vacarme ! Et comment étudier !

Mon cœur est brisé. Ce que je déteste le plus en moi, c'est que j'ai beaucoup de larmes. Je ne veux pas les laisser couler, mais je ne parviens pas à m'arrêter de pleurer.

Le collège de Yuwang

Le collège de Yuwang, qui compte près d'un millier d'élèves, est un dédale d'énormes bâtisses de briques rouges qui abritent des salles de classe surpeuplées dont le dénuement saute aux yeux : des bancs faits de bric et de broc, un simple tableau noir, des murs en mal de couche de peinture depuis longtemps, pas le moindre outil pédagogique... Un seul terrain de sport, rudimentaire. Seule innovation récente, constatée à notre dernier passage : une antenne parabolique, don de la diaspora chinoise de Hong-Kong, leur donne accès à un programme de télé-enseignement qui leur permet d'élever leur niveau, notoirement insuffisant. Dans un établissement comme celui-ci, la tâche des enseignants est redoutable, celle des élèves insurmontable. Combien de ces enfants auront la moindre chance d'aller plus loin dans leurs études et d'atteindre l'université, à laquelle, comme Ma Yan, ils aspirent ? Ma Yan nous fait visiter son « royaume » : son dortoir, côté filles, où les pensionnaires, venues des villages alentour et qui ne rentrent chez elles que les week-ends, dorment à seize dans une pièce de quatre mètres sur trois. Les lits superposés placés côte à côte laissent peu de place, mais les filles ne s'en plaignent pas. Comme dans l'école primaire, un bâtiment abrite la cuisine où les collégiens vont chercher leur repas. Ils mangent dans leur dortoir, assis sur leurs lits.

Le collège de Yuwang, comme toutes les écoles, est un lieu privilégié pour l'éducation civique et politique.

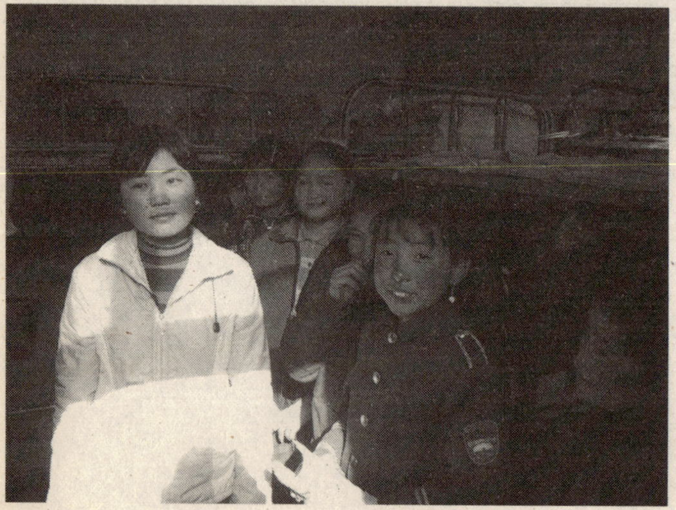

Ma Yan dans son dortoir avec ses camarades.

Jeudi 29 août. Il fait beau.

Cet après-midi, après l'école, je rencontre deux camarades qui étaient avec moi en cinquième année de l'école primaire. Elles ne sont pas rentrées chez elles, parce que nous avons une classe d'étude le soir, et puis parce que leur famille habite loin. Leurs résultats sont un peu moins bons que les miens. Leurs notes sont inférieures d'un ou deux points aux miennes. Mais elles se retrouvent dans les classes un et deux. Moi, je suis dans la classe quatre. Je suis trop triste de les retrouver.

D'autres copines s'amusent à mes côtés, elles ont l'air contentes. Je repense à mes deux meilleures amies de l'école primaire. Mais elles ont arrêté leurs études cette année. Je suis toute seule. La situation de leur famille est meilleure que la mienne, mais elles ne veulent pas étudier. Vraiment, je ne les comprends pas.

L'heure d'étude arrive. Le professeur d'anglais me demande d'aller dans la classe trois. Le professeur de la classe trois me dit que je suis dans son groupe. Je trouve tout cela étrange.

Lundi 3 septembre. Il fait sombre.

Cet après-midi, mes anciennes camarades de ma cinquième année de l'école primaire, Ma Shaolian et Bai Xue, viennent dans mon dortoir. Elles ne sont pas pensionnaires. Je suis très heureuse de les retrouver : c'est comme si nous retournions à l'école primaire. Toujours aussi belles, et aussi joyeuses.

Nous nous asseyons pour discuter. Sans savoir pourquoi, je tourne ma tête à droite. J'aperçois une camarade à côté : elle prend un livre scolaire et récite. J'entends mes camarades commenter : « Qu'est-ce qu'elle étudie bien ! Tous les professeurs l'aiment. » Je réfléchis : elle étudie déjà très bien, mais elle continue à travailler intensément, alors que moi, je reste ici à ne rien faire ! Ce n'est vraiment pas futé. Je dis donc au revoir à mes camarades et retourne à mes études. Je dois bien étudier pour trouver un travail idéal, pour que maman cesse de se faire du souci pour moi.

Mardi 4 septembre. Il fait beau.

Au dernier cours de cet après-midi, grand nettoyage de l'école.

Le semestre commence, tous les camarades sont joyeux, nous sommes enfin arrivés à la porte de l'enseignement secondaire. Nous avons beaucoup d'enthousiasme, beaucoup de volonté. Nous déployons beaucoup de force dans le travail.

Notre professeur nous demande de nettoyer la partie arrière de l'école. Il est comme une vieille poule qui guide un groupe de poussins pour manger. Les camarades font du bruit comme s'ils caquetaient, et nettoient avec acharnement. En peu de temps, le travail est terminé. Le professeur nous demande d'aller nous reposer.

Tous les camarades sont partis, je reste seule sur le terrain de sport, à regarder les autres travailler. Cette école doit avoir mille élèves. Ils travaillent avec intensité. S'il y avait encore plus d'élèves comme eux, nous pourrions sûrement planter beaucoup d'arbres pour le pays[1]. Comme ce serait bien si nous étions plus nombreux.

---

1. Afin de lutter contre la désertification et d'aider les familles les plus pauvres, le gouvernement a lancé un programme de reforestation : pour tout mu de terre cultivable sur laquelle ils plantent des arbres, les paysans reçoivent une aide en céréales pendant sept ans.

Jeudi 6 septembre. Il fait beau.

Aujourd'hui, après la classe, des parents sont venus chercher leurs enfants. Ils sortent ensemble pour manger de bonnes choses au marché. Mon frère et moi, nous n'avons pas mangé depuis deux jours. Il ne nous reste que du pain noir et dur, que nous grignotons encore. Nous allons au marché pour chercher nos parents. Mais ils ne sont pas venus. Je pense que maman n'est pas à la maison. Quand nous sommes partis, la semaine dernière, elle avait dit qu'elle irait récolter le fa cai lundi ou mardi.

Je pense si souvent à ma mère ! Je ne sais pas combien de jours il me reste avant de la revoir. Je veux revoir ses mains, ses pauvres mains.

Vendredi 7 septembre. Il fait sombre.

Ce matin, le dernier cours est celui de politique[1]. Un grand professeur entre. Il est élancé et très beau, âgé d'environ vingt-sept ans. Il doit être Han, alors que mes autres professeurs sont Hui. Nous ne pouvons pas bien le comprendre, parce que les Han parlent très différemment des Hui. Leur prononciation est très rigide, on ne saisit pas tout ce qu'ils disent. Je n'ai retenu qu'une seule phrase : « Faites des progrès dans vos études. » Pourquoi tous les professeurs disent-ils cette même phrase ? C'est une manière de faire peser sur nous une pression constante. Mais je ferai de mon mieux, j'arriverai à ce que je désire.

---

1. Équivalent de l'instruction civique française, mais avec un contenu inspiré par l'idéologie du Parti communiste. On y enseigne le patriotisme, le culte des héros du Parti, la nécessité de « récupérer » Taiwan, mais aussi « comment être civilisé et poli », l'hygiène…

Samedi 8 septembre. Il fait beau.

Après l'école, certains de mes camarades qui ont de l'argent sur eux sont partis tôt. Ils sont rentrés en tracteur, pour un yuan. Seuls mon petit frère Ma Yichao et moi faisons le chemin à pied. Sur la route, le soleil est brûlant, nous crevons de soif. Mon frère demande une pastèque à un vieillard. Tous les deux, nous sommes accroupis au bord de la route et nous mangeons, comme deux petits chiens chassés de la maison. Nous avons l'air vraiment pitoyables.

Quand nous arrivons à la maison, la cour est vide. Je sais que maman est partie. Mon grand-père paternel sort de la maison et nous lance : « Ah, mes petits-enfants rentrent ! Venez, vous avez sûrement très faim. » Mon petit frère dit qu'il y a une pastèque dans la boîte en bois. Je coupe la pastèque et la partage avec mon grand-père. En mangeant, je pense à ma mère. Je ne sais même pas comment elle va[1]. Elle est encore malade de l'estomac. Et il est si difficile de ramasser le fa cai ! Vraiment difficile ! Surtout quand on est très malade. Quand pourrai-je éviter à maman de s'épuiser ainsi, pour nous ? Je veux vraiment qu'elle ait une bonne vie, qu'elle n'ait plus besoin d'aller au loin et qu'elle ne souffre plus. Espérons que mon souhait se réalisera.

---

1. La mère de Ma Yan est partie, ainsi qu'elle est souvent obligée de le faire, pour au moins deux semaines récolter le fa cai en Mongolie-Intérieure, afin de gagner environ 100 yuans, indispensable complément aux maigres revenus de la terre.

Dimanche 9 septembre. Il fait sombre.

Cet après-midi, ma grand-mère paternelle est venue chez nous. C'est comme si ma mère était rentrée. Je lui donne une tranche de pastèque. J'écris mon journal sur la table.

Ma grand-mère me dit, tout en mangeant : « Tu écris si sérieusement ! Je me demande ce que tu peux bien écrire. Toute notre vie n'a aucun intérêt ». Je lui réponds : « Grand-mère, ne crois pas ça. Je vais te lire ce que j'écris. » Pendant que je lis, les larmes coulent des yeux de ma grand-mère. « Nous, les vieux, m'explique-t-elle, nous sommes nuls, et c'est à cause de nous que vous avez souffert. » « Grand-mère, ne dis pas une chose pareille. C'est grâce à vous que j'ai pu vivre jusqu'à aujourd'hui. Sans vous, je n'aurais pas compris le sens de la vie. »

Je pense alors à une phrase que répète souvent ma mère : « Peu importent les difficultés et la fatigue, je vous paierai des études pour que vous deveniez des gens de talent, pour que vous apportiez votre contribution au pays, pour que vous ne viviez pas, comme moi, une vie sans intérêt. »

Je ne vais pas décevoir ma mère. Elle verra quel genre de fille je suis.

Lundi 10 septembre. Il fait beau.

Aujourd'hui, c'est encore jour de marché. Je dois retourner à l'école, cette école que je ne peux pas quitter. Mais comme aujourd'hui c'est la fête des Professeurs, nous avons un jour de congé.

Quand je descends du tracteur, le chauffeur me demande de l'argent. Je n'en ai pas. Je lui dis que je le paierai la prochaine fois. Mais il ne me laisse pas partir. Je sors mon stylo, et je le lui propose. Il refuse. Et c'est lui, cette fois, qui me dit que je paierai la prochaine fois.

Quand je passe la porte de l'école, mes larmes coulent sans que je sache pourquoi. Peut-être parce que je pense à ma mère. Je ne sais pas comment elle vit dans la montagne, mais je sais combien est âpre cette vie là-bas. Chaque fois que j'ai à faire face à des difficultés, je pense à ma mère.

Ce que j'ai raconté au chauffeur est faux. Le professeur affirme qu'un élève ne doit pas mentir, qu'il doit être honnête. Mais je n'avais pas le choix. J'avais demandé de l'argent à mon père, il m'avait répondu que nous n'avions pas d'argent : est-ce que je ne connais pas les difficultés dans lesquelles se débat la famille ? J'ai cessé de lui réclamer de l'argent. Si j'avais continué, il se serait fâché.

Si j'avais raconté tout cela au chauffeur, il se serait moqué de moi, et surtout de mon père. Il aurait sans doute jugé : « Quel père ! Un nul ! Il ne peut même pas payer le prix du tracteur de son enfant ! »

Mon père fait de son mieux. Je ne veux pas qu'on dise du mal de lui. Et c'est pourquoi j'ai menti.

Mercredi 12 septembre. Il fait beau.

Ce soir, aux heures d'étude, le professeur d'anglais entre, monte sur l'estrade et nous demande : « Vous voulez bien étudier l'anglais ? » Les camarades répondent unanimement : « Oui. » Il continue : « Puisque vous voulez bien étudier l'anglais, si chacun donne un yuan nous pourrons acheter un magnétophone[1] pour que vous puissiez étudier par vous-mêmes pendant les heures d'étude du soir. D'accord ? » Les camarades acquiescent. Le professeur poursuit : « Vous avez des problèmes d'argent ? » « Non ! » disent-ils en chœur. Il ajoute : « Si quelqu'un a des problèmes, qu'il lève la main. » Je lève la main. Le professeur demande : « Ta famille a des difficultés ? » Je lui réponds en anglais : « *Yes.* » Comme il est professeur d'anglais, je dois dialoguer avec lui en anglais. Il précise alors : « Si tu as vraiment des difficultés, tu ne donneras pas d'argent. Certaines familles sont vraiment dans une situation difficile, elles ne peuvent même pas payer les frais de scolarité des enfants. »

Je repense alors à ma troisième année de l'école primaire. Je n'avais pas d'argent pour acheter les livres d'école. Maman et quelques femmes que je connaissais sont parties cueillir du fa cai. Avec cet argent, j'ai pu avoir mes propres livres. Mais j'ai manqué quelques mois d'école. Au début, je ne comprenais plus rien. Puis, après un ou deux mois d'effort, j'ai enfin rattrapé mon retard.

Du fond de mon cœur, je dois le proclamer : maman porte une immense attention à ses enfants. Pour ses enfants, elle peut tout accomplir. Ici, je dois

1. Le collège, ne disposant quasiment d'aucun budget pour des investissements, n'a pas les moyens de procéder à un tel achat.

l'écrire : « Maman, tu es grande. Je t'aime, j'aime ton cœur. Tu es si forte, si pure. Tu es un exemple pour ta fille. Tu es toujours une grande femme dans le cœur de ta fille. »

Jeudi 13 septembre. Il fait beau.

Ce soir, aux heures d'étude, je lève la tête, et je m'aperçois que je suis seule dans la salle. Elle me semble plus grande que d'habitude. J'ai peur tout d'un coup. J'attrape mon sac à dos, et je sors comme un coup de vent.

Dehors, je rencontre ma camarade Yang Yuhua de la classe quatre. Elle marche très lentement. Je la trouve bizarre. D'habitude, elle a un caractère ouvert : que lui arrive-t-il aujourd'hui ? Je lui demande ce qui se passe. En fait, son test s'est très mal déroulé. Elle pleure, et je la console. « Ce n'est qu'un petit test, tu auras d'autres occasions de te rattraper... » Elle répond sans cesser de pleurer : « Ma mère s'est donné tant de mal pour moi ! Et je la récompense de cette manière ! Je ne peux même pas la remercier pour les petits pains qu'elle me prépare toutes les semaines. » Au fond de moi, je suis pleine d'admiration pour elle. Elle a des idées claires. Elle pourra sûrement faire de bonnes études et avoir une bonne carrière.

Vendredi 14 septembre. Il fait sombre.

Ce matin, après les cours, je suis allée chercher un bol de riz. Ma camarade Ma Yongmei est allée prendre de l'eau. Quand nous avons fini le riz, je tends ma main vers le fond de la boîte à pain en bois cadenassée que je garde sur mon lit, mais le pain est épuisé depuis longtemps. J'ai encore faim, parce que, à toutes les deux, nous n'avons mangé qu'une demi-livre de riz. Vous allez peut-être dire : une demi-livre pour deux, n'est-ce pas assez ? Mais une demi-livre, ça ne remplit qu'un petit bol. Nous le partageons, chacune n'a droit qu'à un demi-bol. Vous croyez que nous pouvons satisfaire notre faim ? En plus, nous n'avons pas eu de petit pain.

Je regarde les autres qui mangent de la pastèque, la salive sort toute seule de ma bouche. Et puis, je suis enrhumée depuis quelques jours, et j'ai mal au cœur. Je reste assise bêtement au bord du lit. Une camarade voit mon état, me donne un comprimé. Je me sens mieux. Ce comprimé est pour moi plus précieux qu'un trésor. Cette camarade s'appelle Bai Jing, et son image s'ancre dans mon esprit, parce qu'elle mérite qu'on prenne exemple sur elle.

Samedi 15 septembre. Il fait sombre.

Aujourd'hui, c'est le début du week-end. Mon frère et moi reprenons notre route interminable. Depuis le chemin, nous apercevons des champs de pastèques. Nous avons très faim. Mon frère va dérober dans les champs des autres un peu de ciboulette, quelques navets, et nous les mangeons. Je sais que voler n'est pas bien, qu'un élève ne doit pas commettre de tels actes. Mais qu'y pouvons-nous ? Si nous ne volons pas ce qui est cultivé dans la terre des autres, nous ne pourrons peut-être pas marcher jusqu'à la maison.

J'avance lentement, mes jambes me font très mal. Je crois que je suis la plus malheureuse, la plus pitoyable, des filles du monde entier.

Je repense à ma mère. Je ne sais pas comment elle va. Elle se lève à cinq heures et demie le matin, travaille jusqu'à sept heures le soir. Chaque jour, ma mère et les autres femmes parties ramasser le fa cai marchent le visage dirigé vers le sol, le dos tourné vers le ciel. Combien de montagnes arpentent-elles ainsi ? Maman est la plus triste et la plus malheureuse de toutes les mamans du monde. Je dois bien étudier pour qu'elle vive agréablement la seconde moitié de sa vie, pour qu'elle connaisse enfin le bonheur !

Dimanche 16 septembre. Petite pluie.

Aujourd'hui, je dois retourner à l'école. Papa nous a préparé nos affaires, à mon frère Ma Yichao et à moi, et nous donne de quoi prendre un tracteur jusqu'à Yuwang. Nous grimpons sur la remorque. Un peu plus loin, la petite-fille du troisième grand-père paternel[1] se joint à nous. Mon deuxième oncle monte ensuite sur le tracteur. Il prend sur ses genoux sa nièce et, de peur qu'elle n'ait froid, place un sac sur ses jambes. Elle a déjà treize ans, et elle ne sait pas encore s'occuper d'elle-même ? Je les vois rire, je vois aussi mon petit frère Ma Yichao qui tremble de froid. Je lui donne mon chapeau. En ce petit matin pluvieux, mon esprit est en ébullition.

Mon grand-père paternel a été adopté, il n'est pas vraiment proche de ces gens-là, qui nous regardent différemment. Ma mère ne tolère pas qu'ils méprisent notre génération. Elle veut que nous devenions des personnes de talent. L'attention des parents à notre égard est immense. Quand je vois les regards de ces gens, je pense à mon grand-père. Pour lui, je dois bien étudier, afin que les autres nous estiment, tout au long de notre vie.

---

1. Expression désignant les frères de son grand-père dans sa famille d'adoption.

Lundi 17 septembre. Pluie.

Hier soir, à l'heure d'étude, nous avons eu un test d'anglais. Je l'ai trouvé facile. En moins d'une demi-heure, j'avais fini. Le professeur responsable nous a demandé de lui remettre les copies quand nous aurons terminé. Il m'a sermonnée : « À cette vitesse, comment pouvez-vous bien faire le test ? » J'ai tout de même rendu ma copie.

Mais, ce matin, les camarades discutent fort. Ils disent tous : « Ma Yan étudie bien, mais elle n'a pas gagné la première place ! » En écoutant leurs propos, j'ai honte. Pour moi, mes parents se sont donné tant de peine ! Et moi, c'est de cette manière que je les remercie ! Mais tout d'un coup mes yeux se sont éclairés : ce n'est pas un échec définitif, il y a encore les examens de mi-semestre, et de la fin du semestre. À ce moment-là, j'aurai fait des progrès, j'avancerai avec force, je ne reculerai jamais. J'espère que mon souhait se réalisera.

Mardi 18 septembre. Pluie.

Quand le dernier cours prend fin, notre professeur d'anglais ne nous laisse pas partir, il nous demande de rester encore vingt minutes pour recopier des mots. Au bout des vingt minutes, nous allons chercher le repas, mais il ne reste plus rien. Quelques professeurs sont assis à la cuisine. Je proteste, exprès, très fort : « Notre ventre crie famine ! Avec quel empressement nous venons chercher à manger ! Et il n'y a plus rien ! Nous, les élèves, nous ne rêvons du matin au soir qu'à ces deux bols de riz. Comment voulez-vous que nous finissions la journée ? S'il y avait du pain, ça irait encore, mais il n'y a pas de pain. En plus, c'est un jour pluvieux ! Le cœur de chaque élève est bien faible, surtout avec le ventre vide ! »

Les professeurs ne répliquent rien. Comme j'ai envie de rentrer à la maison ! Je pourrais manger comme je veux, à la maison, et je reviendrais à l'école avec un ventre tout plein. Mais je réfléchis aussi sur un autre point : pour faire de bonnes études, ne faut-il pas en passer par la douleur ?

Jeudi 20 septembre. Il fait sombre.

À midi, je suis revenue de la cantine avec du riz. Je mets le bol sur le lit, Ma Yongmei partage le riz en deux, et prend sa part. Avant que je commence mon bol, mon petit frère Ma Yichao arrive. Il me demande : « Sœur, as-tu encore des tickets de cantine ? Je veux acheter du riz. » J'emprunte un ticket et le lui donne.

Il me demande alors si j'ai mangé. « Oui, bien sûr… » Mais il devine que ce n'est pas vrai : « Tu n'as pas mangé. Parce que tes lèvres sont sèches. Les lèvres des gens qui ont mangé sont mouillées. »

Peu de temps après, il revient, me rend le ticket en disant qu'il n'y a plus de riz. Il repart. Comment l'aider ? Je n'ai pas d'argent, pas de pain, je ne sais pas quoi faire… Pourtant, je suis sa sœur aînée, et si je n'ai même pas un peu de sens des responsabilités, qu'est-ce que je suis ? En pleurant, je pense que ce n'est pas entièrement ma faute, la situation économique de ma famille est si difficile…

Il n'est pas possible de décrire le sentiment d'avoir FAIM[1].

1. En gros caractères dans le texte.

Dimanche 30 septembre. Il fait beau.

Cet après-midi, nous revenons des champs de mil. J'ai tellement faim qu'il me semble voir sortir une fumée de mon ventre. Dès que maman arrive, elle va dans la cuisine préparer le repas. Je demande un yuan à mon père pour acheter un cahier d'anglais. Un de mes cousins, fils de mon quatrième oncle, nous rend visite. Il nous raconte que ma mère a prêté mes livres de quatrième année de l'école primaire à d'autres élèves. Je demande à ma mère si c'est vrai. Elle me le confirme.

Je lui en veux, parce que ces livres me sont encore utiles. Comment peut-elle les donner aussi facilement ? Je veux pouvoir réviser, il y a des questions que je ne comprends pas encore.

Depuis quelque temps, quand le professeur fait son cours, je ne vois pas clair. Il explique par exemple ce qu'est un chiffre pair ou impair, mais je ne distingue pas clairement ce qu'il écrit au tableau. Je ne peux plus compter que sur mes capacités auditives, j'écoute attentivement ce que disent le professeur et les élèves. Quand on est myope, il est très difficile de suivre un cours. Si tes yeux ne voient plus clair, tu ne peux plus compter que sur tes oreilles. Et quand tu n'as pas de bonnes oreilles, alors là...

Maman me gronde : « Tu étudies si dur, mais qu'as-tu réussi à faire ? Même pas le collège des filles ! À quoi sert que tu continues à étudier ? Il vaut mieux que tu reviennes à la maison. » Ses critiques sont innombrables. Je n'arrive pas ici à les résumer en un seul mot. Je retiens au fond de moi tout ce qu'elle me dit et, de toute ma vie, je ne l'oublierai jamais.

Ce n'est pas uniquement sa faute, c'est aussi la mienne. J'ai déçu ma mère.

Toute ma famille m'en veut. Je me sens très seule. Je repense à la vie à l'école. Suivre les cours, c'est si difficile pour une myope. Je pense donc à revenir à la maison. Mais si ma famille me reçoit de cette manière ! Je ne sais plus quel chemin suivre. Qui m'indiquera un grand et bon chemin ?

Mardi 2 octobre[1]*. Il fait sombre.*

Cet après-midi, mon frère et moi terminons nos devoirs, puis nous allons chez notre grand-mère retrouver notre père, qui travaille pour le cinquième oncle. Sitôt que nous arrivons, nous allons aider notre père à transporter un peu de terre. Mais quand nous voulons rentrer à la maison, il nous demande de rester encore un peu.

Notre grand-père se met à nous raconter des histoires de sa jeunesse, lorsqu'il se battait contre les Japonais.

Il y avait un soldat qui faisait toujours pipi au lit la nuit. Le chef d'escouade le battait tous les jours pour sa mauvaise habitude, mais il n'arrivait pas à se corriger. Les autres soldats voulaient empêcher le chef de le battre, rien n'y faisait, il ne les écoutait pas. Pire, il attachait les pieds du soldat, et il le frappait tant que le pauvre garçon pleurait. À la fin, ce soldat a été renvoyé chez lui.

Notre grand-père nous confie qu'il détestait ce chef d'escouade. Mais il ne nous dit rien de sa propre amertume. Je pense qu'il était un vrai soldat de l'Armée rouge ; il a gagné des batailles, et il a fondé notre famille, cette très grande famille. Moi, sa petite-fille, je suis fière de lui. Grand-père, je veux clamer ici combien je t'admire, combien je te trouve grandiose, et valeureux. Dans le monde entier, on saura désormais que tu es une graine de l'Armée rouge.

---

1. Les élèves sont en vacances pour une semaine à l'occasion de la fête nationale du 1er octobre.

Mercredi 3 octobre. Il fait beau.

Cet après-midi, mon frère Ma Yichao et moi, nous faisons le ménage à la maison. Puis nous nous rendons chez mon cinquième oncle, chez qui mon père travaille depuis plusieurs jours pour gagner un peu d'argent. Nous l'aidons de notre mieux.

Je regarde l'horloge : il est déjà cinq heures. J'appelle mon frère, parce que nous devons rentrer chez nous pour travailler. Le fils cadet du quatrième oncle enlace nos jambes. Il pleurniche, il veut revenir chez lui, voir sa maman. Mais je sais qu'elle n'est pas là, elle est partie très loin récolter le fa cai. Son père n'est pas là non plus, et ses deux frères aînés sont partis chez leur grand-mère maternelle. Je le prends donc dans mes bras, et il se met à pleurer pour de bon.

En voyant ses larmes, je pense à notre enfance. Quand nos parents n'étaient pas à la maison, nous étions pitoyables. Tout en le portant sur le chemin du retour, je me demande pourquoi, quand un enfant pleure, ou quand il est seul, il crie toujours « maman ». Pourquoi ne crie-t-il pas « papa » ?

Vendredi 5 octobre. Il fait sombre.

Aujourd'hui, jour de marché. Maman revient de chez ma grand-mère maternelle. Je sors pour l'accueillir sur le pas de la porte. Le visage de maman est noir comme du charbon, ses lèvres sont toutes fissurées. Elle a l'air vraiment sombre. Qu'est-ce qu'elle a ? D'habitude, quand elle revient de chez ma grand-mère, elle est très contente, elle n'arrête pas de jaser et de rire. Mais aujourd'hui…

Maman entre dans la chambre, et à mon frère elle dit toute sa rancœur : « Quand quelqu'un est pauvre, il ne faut pas qu'il retourne dans la famille de ses parents. Ton grand-père m'aime beaucoup, mais depuis que je suis partie de la maison, il m'a tourné le dos. Il ne m'a même pas posé une question, il ne m'a pas demandé pourquoi j'étais venue, si j'avais eu froid sur la route. Il n'a pas pipé mot.

« Je suis vraiment en colère. Je ne veux plus aller chez eux. Écoutez-moi bien tous les trois : étudiez bien, pour ne pas ressembler à votre père, qui a été méprisé par les autres toute sa vie. Oubliez le rire moqueur de votre grand-père maternel, vous devez réussir, pour lui faire comprendre qu'il se trompe. »

Samedi 6 octobre. Il fait sombre.

Cet après-midi, je m'ennuie. J'appelle quelques enfants pour venir jouer chez moi. Nous dessinons un rond sur le sol dans la cour et nous courons à l'intérieur de ce rond. Soudain, mon grand-père paternel arrive. Il vient manger de la pastèque. Il a un petit sourire. Je l'accompagne dans la chambre, l'invite à s'asseoir sur le kang. J'installe la table basse sur le kang, je coupe pour lui une pastèque et un autre melon très sucré, je les lui donne.

Accroupie à côté de lui, je le regarde. Il me parle en mangeant. Il a déjà plus de quatre-vingts ans, il ne lui reste plus beaucoup de temps. Ce serait magnifique s'il pouvait vivre jusqu'à cent ans ! À ce moment-là, même si je n'ai pas une grande carrière, j'aurai certainement un petit travail. Je pourrai lui offrir quelques derniers beaux jours.

Lundi 8 octobre. Il fait beau.

Le sixième cours de la journée est la réunion hebdomadaire de la classe. Voici ce que le professeur principal, le professeur de chinois, nous a appris. La première chose à respecter, nous dit-il, c'est la discipline de l'école. La deuxième, ce sont les dix minutes d'exercices quotidiens de gymnastique du matin : il ne faut pas les manquer. Troisièmement, les études : « Ceux qui ont des difficultés, insiste-t-il, doivent commencer à travailler avant les autres, se composer un emploi du temps rigoureux, savoir à quel moment il faut réviser les mathématiques, etc. Ne pensez jamais que vous êtes derrière les autres, ajoute-t-il, ne vous laissez pas aller. Vous pouvez faire constamment des progrès dans les études. »

Pourquoi chaque professeur nous parle-t-il de faire des progrès ? Désormais, quand je repense à ce mot, « progrès », mes cheveux se dressent sur ma tête. Savez-vous pourquoi ? Parce que, au dernier examen d'anglais, j'ai été deuxième. C'est cruel, quand j'y repense. Mais j'ai bien retenu ce qu'a dit le professeur aujourd'hui. Je dois accentuer mes efforts.

Mercredi 10 octobre. Il fait beau.

Ce matin, en classe de politique, le professeur fait très sérieusement son cours, et les élèves écoutent attentivement. Je suis fascinée. Il nous raconte une petite histoire de son enfance. Lors d'un cours de chinois, il avait écrit : « Professeur, vous n'êtes pas une bougie[1], vous êtes le soleil ». Son professeur a pris son cahier, a lu la première phrase et lui a demandé tout de suite : « Je te traite bien d'habitude ; comment peux-tu… » « Professeur, lisez la deuxième phrase, vous êtes le soleil. Si vous étiez une bougie, vous finiriez par vous éteindre, vous ne seriez pas sur l'estrade demain. Si vous êtes le soleil, vous pouvez nous donner des cours tous les jours. »

1. Les Chinois comparent habituellement les professeurs à des bougies qui se consument pour donner la lumière aux autres.

Jeudi 11 octobre. Il fait beau.

Ce matin, après le dernier cours, je reste dans la classe pour faire une rédaction. Soudain, le chef du sport me demande de sortir et de rentrer dans les rangs : « Tous les autres sont déjà alignés, il ne reste que toi. » Je vais donc au terrain de sport, et je veille à me tenir bien droite.

Les autres camarades se mettent à jouer. Certains sautent à la corde, d'autres jouent au football, d'autres encore jouent à la chasse aux poulets par l'aigle. Je voudrais aussi jouer, mais mon cœur n'y est pas. Quand j'entends ces camarades, qui n'habitent pas l'école, parler de leur famille, je pense automatiquement à la mienne. Je veux rentrer retrouver ma mère, lui demander de me faire un bon plat de pommes de terre sautées. Ce serait bien. Je m'y vois déjà, en train de discuter joyeusement avec maman. Tout d'un coup, mon petit frère Ma Yichao passe devant moi en coup de vent. Aussitôt, de le voir, je cesse d'agiter des idées noires et je pars m'amuser avec les camarades.

Je me demande ce que j'ai ces derniers jours, mon cœur est en désordre, je ne sais pas ce que je fais, ni à quoi je pense. J'ai l'humeur bien instable...

Mercredi 17 octobre. Il fait beau.

Nous avons un cours libre cet après-midi. Notre professeur d'anglais nous dicte un texte en anglais. Deux camarades n'arrivent pas à écrire. Le professeur les frappe très fort avec un pied de chaise. Aussitôt on voit apparaître des bleus sur les bras et les jambes. Ce professeur veut que nous étudiions bien, mais il frappe trop fort : je crois qu'il aime s'en prendre aux élèves. Je pleure dans mon cœur, et je crois que les parents pleureraient aussi, s'ils voyaient leurs enfants ainsi maltraités. Le professeur, très en colère, crie : « Si vous ne connaissez toujours pas vos leçons au prochain cours, je ne vous donnerai pas d'autre chance. Je choisirai seulement les élèves les plus intelligents pour répondre aux questions. Ça suffira. À vous, je ne demanderai plus rien. »

Pendant le cours, le professeur me désigne plusieurs fois. Mes camarades me regardent avec des yeux jaloux, ils seraient prêts à tout pour l'emporter sur moi.

Je ne dois pas m'en soucier. Rien ne me détournera de mes idéaux et de mes plans pour l'avenir. Je ferai en sorte que leurs regards jaloux se changent en regards admiratifs. Je serai aussi forte que ma mère. Quand elle rencontre des difficultés, elle y fait face seule, et personne ne se risque à en rire. Je dois être aussi forte et courageuse que maman.

L'échec est la mère du succès. Mais je suis inquiète de voir le professeur battre les élèves. Comment faire s'ils tombent malades ?

Pendant les heures d'étude du soir, ces camarades ont réussi à apprendre les mots. Pourquoi étudieraient-ils mieux quand ils sont battus ? Leurs parents espèrent qu'ils deviendront des gens de talent, mais, après tant d'années de vie difficile, comment répondront-ils à cette attente ? « Un chien maigre n'arrive pas à grimper au mur, même avec de l'aide » : c'est un proverbe de ma mère que j'ai retenu au fond de moi. À présent seulement j'en comprends tout le sens.

Jeudi 18 octobre. Il fait beau.

Aujourd'hui, au cours de chinois, le professeur nous demande d'écrire une rédaction sur le thème : « Je suis au collège ». Il en profite pour nous expliquer la différence entre la classe lente et la classe rapide. Les mauvais élèves de la classe rapide seront rétrogradés dans la classe lente, et le professeur aura une amende. C'est pourquoi il veut que nous étudiions bien, pour rapporter des honneurs à notre classe. Il s'arrête enfin et nous demande d'écrire.

J'ai fini ma rédaction en quelques minutes. Tous mes camarades sont surpris : « Nous passons deux ou trois jours à réfléchir sur une seule rédaction, et toi… » Le professeur affirme que ce n'est pas encore assez rapide : « Il faut faire comme Ye Shengtao[1], conjuguer vitesse et talent. » Les camarades se moquent : « Ye Shengtao est le premier talent sous le ciel, Ma Yan est le deuxième. » Tout le monde se met à rire.

À vrai dire, je voudrais vraiment être le deuxième talent sous le ciel. Si j'en avais l'occasion, je voudrais faire une compétition avec le grand-père Ye Shengtao. Qui sait si mon vœu se réalisera ?

---

1. Écrivain et pédagogue chinois du XXe siècle, aujourd'hui décédé.

Vendredi 19 octobre. Beau, puis sombre.

Aujourd'hui, mon père est venu pour le marché. Il m'attend derrière la porte pendant que je suis en classe. Je suis très contente, parce que je me dis qu'il a de l'argent : si ce n'était pas le cas, il ne serait pas resté à m'attendre.

Sitôt la fin des cours, je me dépêche de le retrouver. Il me confie cinq yuans que je devrai remettre au professeur, pour l'achat des livres. Il me demande si j'ai mangé du pain. Je lui explique que nous l'avons terminé depuis bien longtemps. Il achète donc deux petits pains pour mon frère Ma Yichao et un pour moi. Je garde précieusement le mien, en pensant que je le mangerai demain, sur le chemin du retour à la maison.

Quand j'arrive au marché de légumes, je rencontre la camarade Ma Yongmei. Je lui avais emprunté un pain la dernière fois. Elle me demande de lui rendre ce que je lui dois. Je lui donne donc le pain que j'ai dans la main. Mais elle n'en veut pas, elle veut de l'argent. Où vais-je trouver de l'argent ?

Vendredi 26 octobre. Il fait beau.

Mon père m'a donné quatre yuans et nous a demandé, à mon frère Ma Yichao et moi, de rentrer au village en tracteur : mes parents devaient partir loin pour travailler[1], ils étaient inquiets pour notre sécurité.

Mais comment puis-je prendre un tracteur en toute quiétude ? Ils travaillent dur, le dos vers le ciel, le visage vers la terre jaune. Où trouverais-je le courage de payer pour un tracteur ? Ces quatre yuans sont gagnés avec tant de peine ! Comment pourrais-je les dépenser si facilement ? Mon frère et moi, nous préférons rentrer à pied.

Nous nous mettons en route à onze heures du matin, et il est près de cinq heures du soir quand nous arrivons à la maison. Nous poussons la porte : la cour est vide, il n'y a aucun bruit – personne. Personne n'est là pour nous dire : « Ah ! Mes enfants sont morts de fatigue. Reposez-vous vite. Maman va vous préparer le repas... » Comme je souhaiterais entendre cette voix ! Mais maman n'est pas là.

Cette nuit, mon frère est allé chercher notre grand-mère paternelle pour qu'elle nous tienne compagnie. Elle n'est pas venue, et nous ne sommes que nous trois, mes deux jeunes frères et moi. Nous nous couchons silencieusement sur le kang. Au-dehors il n'y a aucun bruit, et nous avons très peur. Si maman était là, je ne sais pas ce qu'elle pourrait raconter, ce serait sûrement des histoires drôles. Mais elle n'est pas là.

---

1. Les parents sont tous les deux partis récolter le fa cai pendant au moins deux semaines, dormant à la belle étoile malgré le froid d'octobre.

Même couchés sur le lit, nous sentons le froid. Je ne sais pas comment maman peut dormir sur le sol humide – elle qui est malade en plus ! Quelle existence difficile elle a ! Combien de temps faudra-t-il encore pour qu'elle cesse de vivre cette vie d'amertume ? J'espère qu'elle sera bientôt heureuse.

Samedi 27 octobre. Il y a du vent.

Ce matin, j'aide mon frère Ma Yichao à faire son devoir d'anglais. Il ne sait même pas écrire les mots les plus simples. Je suis en colère, et je ne peux pas m'empêcher de le taper. Il pleure et ne veut plus rien savoir. Du coup, je pleure aussi.

Maman me serine régulièrement : « Tu dois t'occuper de ton frère. Tu es plus grande que lui, il faut l'aider souvent. Je vous envoie à l'école, et peu importe le prix que je devrai payer. Si vous n'étudiez pas bien, non seulement vous ne mériterez pas la peine que je me donne, mais vous ne mériterez même pas les pains d'une semaine. » Ses paroles résonnent dans mon cœur. Mais mon frère ne travaille pas bien. Je ne veux pas entendre dire qu'il est passé dans la classe lente.

Alors que nous sommes en train de pleurer tous les deux, mon deuxième oncle arrive à la maison. Il nous informe qu'un officiel est occupé à vérifier un de nos lopins de terre. « Vous devez aménager ce terrain pour planter des arbres[1], nous dit-il. Vos parents ne sont pas là ? Allez demain chez votre grand-mère paternelle, et demandez à votre cinquième oncle de creuser des trous pour les arbres. » Et il part.

Que faire ? Dois-je retourner à l'école, ou bien travailler à la maison ? Mon cœur est dans un désordre impossible à décrire.

Et ma mère qui n'est pas là… Chaque fois que je pense à elle, j'ai envie de pleurer.

---

1. Il s'agit de la mise en application du programme de reforestation (*voir note page 179*).

Lundi 29 octobre. Il fait beau.

Aujourd'hui, bonne nouvelle : mercredi, nous passons l'examen de mi-semestre. J'en suis très contente. J'ai bien l'intention de montrer mes capacités. Je ne suis pas moins bonne que les autres, sauf que je mange et m'habille moins bien qu'eux. Certaines filles viennent à l'école en changeant souvent de vêtements, alors que moi, je n'ai qu'une seule tenue, un pantalon et un chemisier blanc, que je dois laver le samedi à la maison pour les remettre le lundi.

Mais quelle importance ? Je ne veux qu'étudier, et faire honneur aux mains travailleuses[1] de mes parents. Malgré le froid, ils travaillent, loin d'ici, pour nous. Pourquoi ? Pour notre avenir. Et je ne dois pas les décevoir.

1. Expression chinoise pour exprimer sa reconnaissance.

Mardi 30 octobre. Il fait sombre.

Le temps est glacial aujourd'hui ! Mon frère et moi, nous n'avons plus de pain. À midi, tous nos camarades sont en train de déjeuner, et nous deux, nous restons là, à claquer des dents.

Mon frère voit mes larmes, et il me dit, comme s'il avait un cœur joyeux : « Attends, sœur, je vais emprunter des tickets. » Je sais pourtant qu'il ne se sent pas mieux que moi. Mais il veut me consoler, et que j'arrête de me faire du souci pour lui. J'entre dans mon dortoir, je m'assois sur le lit et j'attends qu'il revienne.

J'attends ce bol de riz jaune...

Longtemps, longtemps après, il revient, et soupire : « Sœur, il n'y a plus de riz. » Puis il se retourne et me laisse. Je regarde le dos de mon frère qui s'éloigne, et je ne peux pas empêcher mes larmes de couler. Connaissez-vous la faim ? C'est une douleur insupportable.

Je me demande quand je cesserai de subir la faim à l'école...

Vendredi 2 novembre. Il y a du vent.

Tous ces jours-ci, nous passons les examens de mi-semestre. Je ne veux songer à rien d'autre, même pas à ma mère qui travaille loin d'ici, avec son corps malade. Elle endure ça pour notre avenir. Il n'est pas question de décevoir cet espoir que mes parents ont mis en nous.

Pour les épreuves, certains camarades ont déchiré des pages de livres, et les ont cachées dans leur poche. Ils en seront punis. D'autres camarades écrivent sur leurs bras les réponses à des questions difficiles, par précaution. Vous pensez que c'est correct ? Moi, je n'ai même pas ouvert mon livre. Je me souviens qu'à l'école primaire un professeur nous avait expliqué que, avant l'examen, il ne faut pas relire ses cours, il faut s'amuser : « La meilleure manière, disait-il, d'avoir un bon résultat. » Mais je n'ai pas tout à fait suivi son conseil. Je suis simplement restée assise au bord du lit, et j'ai pensé aux peines de mes parents. Je ne dois pas les décevoir. Je suis décidée à réussir.

Samedi 3 novembre. Il fait sombre.

Aujourd'hui débute le week-end. Je suis folle de joie. J'espère que mes parents seront rentrés. Je leur raconterai ce qui s'est passé pendant cette semaine, comment j'ai passé les examens de mi-semestre. Je suis en train d'échafauder des projets quand un camarade me glisse à l'oreille : « Le professeur de politique connaît nos résultats d'examens. » Mais un autre camarade lance avec colère : « Il ne connaît que les résultats des meilleurs, pas ceux des cancres comme nous qui ne sommes pas classés parmi les premiers. »

Je me précipite vers la maison du professeur. Elle est déjà pleine de monde. À peine arrivée, j'entends la voix du professeur : « Ma Yan a eu 114 points pour les mathématiques, elle est la première des six classes. Elle a 90 points en chinois... Le résultat de l'anglais n'est pas encore arrivé. » Je suis au comble de la joie, tellement que j'en pleure. Je ne sais pas d'où peuvent venir tant de larmes. Les yeux brouillés, je ressors. Je suis trop émue, je ne peux pas décrire ce que je ressens en un seul mot. Jamais je n'ai connu de moment aussi émouvant dans ma vie, jamais je ne l'oublierai.

Lundi 5 novembre. Il fait beau.

À la réunion de classe, le professeur a publié nos résultats. Il nous explique les méthodes de travail : « Quand on vous demande de mettre une réponse finale entre parenthèses, il ne faut pas donner le processus entier du calcul. » Je sais que ça, c'est pour moi. Et il continue : « Pour les questions à choix multiple, n'indiquez qu'un seul choix. Ce n'est pas la peine de cocher deux choix, ou plus. Certains camarades commettent souvent cette erreur. J'espère que vous ne ferez pas ce type de faute la prochaine fois. Pour les calculs, utilisez le moyen le plus simple. Pour les questions d'analyse, vous devez bien lire la question et réfléchir... »

Ma Yan, ici au deuxième rang, réussit à devenir l'une des meilleures élèves de sa classe.

Quand il a fini ses explications, il demande aux élèves de lui donner leurs résultats pour chaque examen, ainsi que le total, parce qu'il doit remplir un formulaire.

En fin de compte, j'ai un total de 299 points, je suis deuxième. C'est un redoublant qui est premier[1]. Des larmes de joie coulent de mes yeux. Le professeur précise que j'ai bien réussi les examens et que tous doivent prendre exemple sur moi.

Pourtant, plus il parle, plus je suis triste, car maman est partie travailler loin. Tout ce que dit le professeur aujourd'hui restera profondément inscrit dans ma mémoire. Si je suis ses conseils, je pense que les difficultés ne seront pas insurmontables. Mais, la prochaine fois, je dois être première.

---

1. La précision est importante pour Ma Yan, dont les matières les plus fortes sont les mathématiques, le chinois et l'anglais.

Mardi 6 novembre. Il fait sombre.

Au cours d'aujourd'hui, le professeur de politique me fait encore des compliments. Il avoue qu'il n'avait pas fait attention à moi, jusque-là, qu'il n'avait remarqué ni mes défauts ni mes qualités : « Lors de ces examens de mi-semestre, la camarade Ma Yan a montré beaucoup de possibilités, des possibilités que je ne soupçonnais pas. Je l'ai mal jugée. Je lui ai déjà dit ce que j'en pense. Si vous ne me croyez pas, vous pouvez le lui demander. Sachez qu'une camarade a écrit dans une composition : "Nous n'avons pas bien réussi un examen, et le professeur nous insulte en se plaignant d'avoir vainement enseigné à une classe d'ânes." Cette même fille, dans sa composition, a poursuivi : "Professeur, ne nous sous-estimez pas, l'échec est la mère du succès." C'est tout à la fois un conseil qu'elle donne au professeur, et l'expression de ses vrais sentiments. Cette fille-là est dans notre classe. »

Tous les camarades me regardent. C'est vrai que c'est moi qui ai écrit ces mots. Si j'ai réussi ces examens, c'est en grande partie à cause de cette phrase du professeur : s'il ne nous avait pas traités d'ânes, je n'aurais certainement pas ces bons résultats aujourd'hui.

Mercredi 7 novembre. Il fait beau.

Qu'est-ce que j'ai faim ! Je mangerais n'importe quoi. Quand je parle de la faim, je pense automatiquement à ma mère. Je ne sais pas si elle est bien rentrée. Moi, je me contente d'étudier tous les jours à l'école – et d'avoir faim. Maman, elle, court tous les jours dans la montagne. Et je ne sais même pas ce qui se passe pour elle. En plus, elle est malade. Ça fait trois semaines que je ne l'ai pas vue. Comme je pense à elle !

J'ai faim, terriblement faim. Depuis mardi, il n'y a plus de pain, ni de légumes. Désormais, quand je mange du riz, je n'ai pas de légumes pour l'accompagner.

J'ai même pris un morceau dans le bol d'une camarade, sans la prévenir. Quand elle a regagné le dortoir, elle m'a couverte d'injures.

Que lui dire ? En l'écoutant déblatérer, je pense à mon père qui nous a laissé quatre yuans, à mon frère et à moi. Je vis sur ces quatre yuans depuis trois semaines, et il m'en reste encore un dans la poche. J'ai le ventre qui gargouille de faim, mais je ne veux pas le dépenser pour un motif si frivole. Parce que c'est l'argent que mes parents gagnent avec leur sueur et leur sang. Je dois bien étudier, pour ne plus jamais être torturée par mon ventre, et par l'argent. Quand j'aurai un travail, plus tard, je garantirai sûrement de beaux jours à mes parents, et je ne les laisserai plus partir si loin pour nous.

Jeudi 8 novembre. Il fait beau.

Jour de marché. Au cours d'anglais, je suis assise près de la fenêtre. Tout d'un coup, je sens une ombre devant mes yeux. Je lève la tête : derrière la vitre, j'aperçois maman. Je suis bouleversée. Ça fait si longtemps que je ne l'ai vue ! Même à travers les carreaux, on voit que son visage est très noir, ses mains enflées. Le cours finit sans que je m'en aperçoive, et d'ailleurs je n'ai rien suivi. Ce n'est pas grave, je demanderai au professeur, la prochaine fois. Je vais d'abord retrouver maman.

Papa et maman m'attendent dans la rue. Je suis si heureuse ! Ça fait tellement longtemps que je ne me suis pas retrouvée avec eux ! Papa, maman, mon frère et moi, marchons dans la rue, tous ensemble. Nous parlons d'un tas de choses et nous en oublions notre ventre. Maman se frappe soudain le front : « Mais, vous deux, vous n'avez pas encore mangé ? » Nous hochons la tête. Elle nous emmène au marché. Alors elle nous offre un bol de soupe de légumes à cinquante fens, et nous avons aussi du pain à tremper dans le bol.

Après avoir mangé, nous allons acheter des vêtements d'hiver. Avec de bons vêtements ouatés, nous n'aurons pas froid. Nos parents nous achètent un manteau chacun, ainsi que des chaussures et des chaussettes. En peu de temps, nous avons dépensé plus de cent yuans. Quel dommage ! Je me sens à la fois contente et mécontente. L'argent est si difficile à gagner. Et si facile à dépenser : on ne s'en rend même pas compte... Je ne sais pas comment papa et maman ont gagné ces cent yuans, combien de jours il leur a fallu, combien de dizaines d'heures, de centaines de minutes, de milliers de milliers de secondes... Et moi, je dépense si facilement cet d'argent durement amassé... Quand je serai grande, que pourrai-je faire pour mes parents ?

Vendredi 9 novembre. Il fait beau.

Demain, nous rentrons à la maison, et je me réjouis.

Ce soir, pendant l'heure d'étude, il y a eu une panne d'électricité. Tous les camarades étaient ravis. Ils étaient contents qu'il n'y ait pas d'électricité, ils en ont profité pour s'amuser pendant plus d'une heure. Moi, je suis simplement contente de rentrer chez nous demain, de m'asseoir avec ma mère et de discuter.

Ça fait plusieurs semaines que nous ne nous sommes pas retrouvés tous ensemble. Cette fois, quand je serai rentrée, je leur demanderai comment ils ont passé tous ces jours à l'extérieur, et surtout si maman est toujours malade. Je crois que ses douleurs ont recommencé alors qu'elle se trouvait dans la montagne. La dernière fois que je l'ai vue au marché, avec ses mains enflées et son visage noir, j'ai bien compris que les crises avaient recommencé. Et elle a dormi à même le sol humide. Pourquoi fait-elle tout cela ? Pour elle-même ? Non, c'est pour nous, pour notre travail et notre vie future. Je dois étudier de mon mieux, pour mériter l'espoir que mes parents placent en moi, pour qu'ils vivent mieux l'autre moitié de leur vie.

Dimanche 11 novembre. Il fait beau.

Ce matin, vers cinq heures, maman s'est levée pour préparer notre repas, de peur que nous n'ayons faim. Puis elle nous réveille. Nous nous habillons, nous nous débarbouillons, puis nous prenons notre déjeuner.

Pendant que je mange, je vois que les yeux, le visage, les pieds et les mains de maman sont tout enflés. Je lui demande ce qu'elle a, et elle répond : « Rien, rien... Je me suis peut-être levée trop vite. » Je sais bien que ce n'est pas la raison. La maladie de ma mère a sûrement recommencé.

Je lui demande alors si c'est bien à cause de sa maladie. Elle me regarde et lance : « Quelle maladie ? Je t'ai peut-être réveillée trop tôt, tu as encore les idées brouillées. Mange vite... »

Un véhicule arrive, et maman en profite pour mettre un terme à mes questions. Je sais qu'elle les évite, pour que je ne me fasse pas trop de souci, pour que j'étudie bien, pour que je sois plus tard une personne utile à la société. J'étudierai bien, sinon, je ne serai pas digne des mains travailleuses de maman qui ont préparé le repas ce matin.

Lundi 12 novembre. Il fait beau.

J'ai très envie de rentrer à la maison, maintenant, sans attendre le week-end, envie de revoir le visage et les mains de maman. Parce que je sais qu'elle va repartir loin, si loin... Je ne veux pas qu'elle s'en aille, mais comment l'éviter ?

La semaine dernière, quand nous sommes rentrés à la maison, maman a voulu voir mon bulletin scolaire. Je lui ai montré mes copies d'examens. Après les avoir regardées, elle a souri : « Je n'ai pas payé pour rien, a-t-elle conclu. Tu n'as pas déçu mon attente. » Elle a vu aussi les copies de mon frère, son visage s'est durci, et elle a explosé : « Comment crois-tu mériter les pains que tu emportes toutes les semaines ? Tu sais comment j'ai pu survivre dans la montagne ? Quel espoir je portais en toi ! Et voici tes résultats ! Comment ne pas être triste et déçue ? »

Quand je pense à ma mère, j'ai très envie de rentrer à la maison, j'ai envie de demander l'autorisation de m'absenter de l'école. Mais, même si je rentre, je crains de ne pas la revoir. Je suppose qu'elle est déjà partie ramasser le fa cai. Je lui souhaite bonne santé. Parce que, si sa maladie recommence, personne n'est là pour la soigner. Cette fois, papa n'est pas parti avec elle ; il est resté pour s'occuper de la maison et des champs.

J'espère que sa maladie ne recommencera pas. Elle se repose seulement deux ou trois jours à la maison, et elle repart pour essayer de gagner de l'argent. Comme j'aime quand nous sommes tous réunis, toute la famille, à manger et à discuter ! J'ai envie d'avoir une famille chaleureuse et heureuse ! Mais le Ciel ne le veut pas, et il me force à vivre dans la tristesse et la douleur.

La plus malheureuse, c'est maman. Toute l'année, elle est à l'extérieur. Sinon, d'où serait venue sa maladie ?

Pourquoi elle est partie ? Pour le travail, pour gagner notre vie à tous les trois. Mais mon frère n'a pas rapporté d'honneurs de l'école pour maman : comment ne serait-elle pas triste ? Je dois bien étudier pour ne pas la décevoir. Les plus grands souhaits de ma vie : qu'elle guérisse, et que la famille soit enfin réunie.

Si un jour je réussis dans la vie, ce succès sera celui de maman. Je me souviendrai toujours d'elle. Pourquoi ai-je en moi tant de douleur, pourquoi mes larmes ne tarissent-elles jamais ? Pourquoi moi, une adolescente, suis-je tenue de verser tant de larmes ? Dites-moi pourquoi ! Réussirai-je seulement quand mes larmes seront épuisées ? Et, si elles ne sont pas épuisées, est-ce le signe que je ne réussirai pas ? Je dois continuer à avancer sur ce chemin difficile.

Mardi 13 novembre. Il fait beau.

Je ne sais pas où maman a passé la nuit dernière, si elle était couchée sur le sol humide ou sur un promontoire de pierre au bord d'une route. Je ne suis sûre que d'une chose : elle n'a sûrement pas bien dormi cette nuit. C'est déjà l'hiver, il fait très froid, surtout au milieu de la nuit. La température tombe alors bien en dessous de zéro. Et, en plus, elle est malade de l'estomac...

Je sais à quel point il est difficile de ramasser le fa cai. J'y suis allée une fois avec mon père. C'était encore l'été, il était une heure du matin, le tracteur n'avait plus d'essence. Nous sommes descendus, nous avons dû nous coucher sur le sol dans un champ. En peu de temps, j'étais couverte de poussière. Je respirais la poussière, je n'arrivais pas à m'endormir. Je me suis assise, et j'ai compté les étoiles, dans le ciel.

J'ai pensé à une leçon que nous avions apprise : « L'enfant qui compte les étoiles ». Il était une fois un garçon qui, la nuit, s'appuyait sur le corps de sa grand-mère et comptait les étoiles. Sa grand-mère lui racontait que les étoiles étaient innombrables. Mais ce garçon répondait que, pourvu qu'il ait confiance, il arriverait à les compter. Je ne comprenais pas alors cette phrase.

Cette nuit-là, en voyant tant d'étoiles, j'avais très envie de m'appuyer contre le corps de maman pour les compter. J'ai compris qu'il est impossible de compter toutes les étoiles. À ce moment-là, j'ai su combien le monde extérieur est immense.

C'était la première fois depuis ma naissance que je me rendais si loin. La maison me manquait déjà. Je me sentais si pitoyable, et si triste...

Pour sa famille, pour notre avenir, maman est partie gagner de l'argent envers et contre tout. Elle se donne tant de peine... Elle vit trop douloureusement, elle est trop fatiguée. Je dois absolument bien travailler, pour réussir, plus tard, afin que maman vive une vie heureuse, qu'elle ne connaisse plus cette douleur et cette fatigue. J'espère que mon souhait se réalisera vite et que maman vivra bientôt une vie heureuse.

Jeudi 15 novembre. Il fait beau.

Ce matin, à l'heure du sport, nouveau type d'exercice : nous allons courir dans la rue, au lieu de rester dans la cour de l'école. Notre classe est à la traîne, la classe quatre est devant nous. Nous courons le plus vite possible pour les dépasser. Quand nous les rattrapons, je suis couverte de sueur. Des habitants sortent de chez eux et nous observent.

C'est vraiment formidable d'être un élève. Seulement, ce sont nos parents qui souffrent à la maison, surtout ma mère. Si nous n'étudions pas bien alors que notre classe est pleine de soleil, notre école pleine de joie, comment pourrons-nous mériter toutes les peines de nos parents ?

Pour des enfants de familles riches, une journée de plus ou de moins, ça ne fait pas de différence. Pour moi, fille d'une famille pauvre, chaque journée est une nouvelle épreuve. Pas à cause de mes études, car je suis parmi les premiers : mais à cause de la vie que nous menons.

Je dois donc bien étudier, pour ne pas souffrir de la faim dans l'avenir.

Bien sûr, le plus important, c'est ma mère. Je ne veux plus qu'elle parte au loin travailler. Notre famille sera heureuse, unie, nous n'aurons plus d'ennuis.

Je veux travailler avec acharnement, poursuivre sans relâche mon idéal et mon rêve, pour construire de beaux lendemains à ma patrie.

Vendredi 16 novembre. Il fait beau.

Je n'ai pas vu le professeur d'éducation politique depuis plusieurs jours. J'ai très envie de le voir, surtout son visage, et d'entendre sa voix. Sa physionomie et ses paroles me rendent toujours heureuse, me consolent de mes douleurs et de mes ennuis. C'est pourquoi j'ai très envie de l'approcher. Il est capable de réconforter quiconque est mécontent ou ennuyé. Or j'ai presque tous les jours des douleurs et des ennuis. Quand je baisse la tête, je pense aux paroles de ma mère, à ses mains crevassées. Pourquoi ce mot de « mère » apparaît-il si souvent dans ma tête ?

J'aime le langage et le visage du professeur de politique, tout comme sa manière de se comporter. Mais je n'aime pas sa matière, où il n'est question que de héros historiques, de patriotisme, de Taiwan, et de morale. À chacun de ses cours, je fais en cachette les devoirs d'autres disciplines. Le professeur répète souvent qu'il faut bien écouter. Mais je ne peux pas corriger mon habitude.

Aujourd'hui, pendant son cours, il m'a désignée pour que je me lève, il m'a demandé si je pouvais répondre à une question. J'ai secoué la tête pour dire non. Il m'a laissé m'asseoir. Je sais qu'il voulait encore me poser la même question : est-ce que je peux écouter attentivement son cours ? C'est pourquoi j'ai refusé. Il a beaucoup de considération pour moi, et je le déçois chaque fois. Désormais, je veux corriger mes mauvaises habitudes, je ne veux plus le décevoir, ni le rendre malheureux.

Lundi 19 novembre. Il fait beau.

À midi, après les cours, les camarades rentrent chez eux déjeuner. Comme je suis Hui, c'est une période de jeûne pour moi. J'ai commencé le ramadan, j'ai donc un peu de temps libre.

Dans la rue où je me promène, je me sens très seule. Je repense à maman. Si elle était ici... C'est ça qui serait formidable ! Parce que tout ce que je fais, c'est par rapport à elle. Si je commets une faute, alors que je ne lui ai pas demandé son avis avant, elle me gronde toute la journée. Parfois, je lui en veux. Mais maintenant, quand j'y réfléchis, je sais qu'elle fait tout ça pour mon bien. Je ne dois pas lui en vouloir. Si je n'avais pas suivi les conseils de maman, que serais-je aujourd'hui ? Je serais sans maturité, et je ne comprendrais pas les douceurs de ce monde. Si je n'avais pas eu l'éducation de maman, avec ses critiques, je n'aurais pas compris quelle est la valeur d'un fen[1], ni d'où est venu ce fen. Sans sa mère, il n'y aurait pas de Ma Yan. Je dois remercier celle qui a permis à sa fille de grandir, de mûrir, d'être elle-même.

---

1. Le fen est une subdivision de la monnaie chinoise (*voir note* 1 *p. 47*).

Jeudi 22 novembre. Il fait beau.

Cette semaine passe incroyablement vite. Nous sommes déjà jeudi, sans que je me sois rendu compte de rien. J'ai très envie de rentrer à la maison.

Il y a du neuf au village. Nous commençons à mettre en œuvre la politique visant à rendre la terre aux arbres. Chaque semaine, quand je rentre, le village a changé. Toutes les collines sont percées de trous. Au printemps, nous planterons des arbres. Avec tous les villageois, on sera vraiment excités à ce moment-là. Notre pays va redevenir vert. Je pense que, dans quelques années, ou quelques dizaines d'années, le paysage aura complètement changé. Aujourd'hui, partout, il n'y a que de la terre jaune. Si l'on se met sur la partie haute du plateau pour contempler le village, on ne voit que le jaune, la nudité et l'aridité. Ce n'est pas même un paysage, il n'y a rien à voir pour dire vrai.

L'économie non plus ne donne rien : on n'arrive à vivre qu'avec le fa cai. La situation doit changer, à l'avenir. Notre village sera vert. Les gens du village auront acquis des connaissances, et ils sauront construire des maisons solides. Je dois bien étudier et, quand je serai grande, je consacrerai mes forces à remédier à la vie cruelle des villageois.

Mercredi 28 novembre. Il fait beau.

Ce soir, après les études, une camarade m'invite chez elle. Elle est comme une petite sœur que j'aurais adoptée. Sa famille n'habite pas très loin de l'école. Il n'y a qu'une seule combe à passer. Nous rencontrons sur la route plusieurs camarades, qui ont l'air contentes. En voyant leur joie, j'ai envie de rentrer à la maison. Elles racontent comme c'est agréable de dormir chez soi.

Quand j'arrive chez cette amie, je me sens d'abord mal à l'aise. Mais ses parents sont très sympathiques, et me posent beaucoup de questions. À notre arrivée, son père est sorti sur le seuil pour nous souhaiter la bienvenue. Chez moi, quand des invités arrivent, c'est ma mère qui les accueille, papa reste debout à côté, parce qu'il ne sait pas comment faire avec les gens. Et, quand nous sommes entrés, ils nous ont apporté deux bols de viande cuite à la vapeur, qui fumaient encore. Puis des fruits. J'envie ma camarade d'avoir une famille si chaleureuse et si heureuse. Elle ne se fait pas de souci pour les siens. Et ils mangent de la viande ! Chez moi, depuis combien de temps n'avons-nous pas mangé du riz avec de la viande ? Au prochain marché, j'aimerais acheter un peu de viande pour maman.

Mardi 4 décembre. Petite neige.

De la neige flotte dans l'air. Mon village me manque. C'est le cours d'histoire, le professeur parle, parle... Je suis assise à côté de la fenêtre. Je tourne la tête, je vois les flocons de neige flotter librement dans le ciel, avant de se poser. Je pense aux récits de mon enfance...

C'était un matin d'hiver, très froid. La neige tombait dru. Mes parents n'étaient pas à la maison. Ils étaient partis très loin ramasser le fa cai.

La maladie de ma mère a commencé durant cet hiver enneigé, si rude. Je me souviens qu'il y avait une très grande hauteur de neige, la plus grande depuis ma naissance. Quand la neige et le vent se sont arrêtés, mes frères, ma grand-mère, âgée de près de soixante-dix ans, et moi, nous avons rempli de neige notre citerne souterraine pour avoir une réserve d'eau. Cet hiver-là, nous n'avons pas manqué d'eau.

Tous les samedis où je suis à la maison, ma mère me demande de porter le crottin de l'âne, et je n'y arrive pas. Maman, chaque fois, me rappelle cet hiver-là. Elle me dit : « Tu étais si petite, mais si courageuse. Maintenant tu deviens faible, et inutile. Que vais-je faire de toi ? »

Chaque fois que maman me parle de cette histoire, je me souviens du froid, cet hiver-là. Je ne sais pas comment papa et maman ont résisté au froid, comment j'ai pu transporter sur mon dos de tels paquets de neige... Je ne m'en souviens plus très bien... J'espère seulement que je suis plus courageuse qu'à cette époque-là.

Vendredi 7 décembre. Il fait sombre.

Aujourd'hui, c'est encore un jour de foire. Le cœur joyeux, j'ai suivi les trois cours. Il me semble qu'ils se sont achevés plus vite que d'habitude. Je me rends au marché, portée par un grand espoir. Parce que, samedi dernier, maman m'a promis de venir aujourd'hui. Comme c'est bientôt la fin du ramadan, elle doit passer acheter des cadeaux et inviter une personne âgée pour rompre le jeûne.

Le vent siffle, et il fait si froid qu'on ne peut pas sortir les mains des poches. Je marche au hasard dans la rue. J'aperçois des gens de toutes sortes, qui tous tremblent de froid. Je cherche maman, mais elle n'est pas là. Les larmes coulent sur mon visage et forment des gouttes de glace. Je rencontre bien des femmes qui portent un bonnet blanc et ressemblent à maman. Chaque fois, j'ai la tentation d'en arrêter une, de prendre sa main, de l'appeler « maman »... Mais dès que j'avance d'un pas, je redeviens lucide.

Il me semble que quelqu'un m'appelle. Je me retourne et je vois papa. Mon cœur est moins vide, d'un coup. Mais ce n'est pas maman ! Mon père s'approche, me jette deux ou trois phrases, et il s'éloigne. Quand c'est maman, elle m'assaille de questions, j'aime ça, c'est sympathique, et après on a du mal à la quitter.

Pourquoi est-ce que je pense toujours à maman ?

Jeudi 13 décembre. Il fait beau.

Aujourd'hui, c'est encore un jour de foire. Je suis très contente. Je croyais que maman irait rompre le jeûne chez ma grand-mère maternelle. Mais, au marché où je la cherche, elle n'est pas venue. Les larmes coulent naturellement sur mon visage. Quelle déception, à chaque jour de marché, j'espère la voir…

En marchant, tête baissée, je croise mon grand-père maternel et mon père. Ils parlent avec enthousiasme. Mais ils sont vêtus de haillons, leurs habits sont sales, leurs chaussures trouées. Ils me paraissent si laids ! En plus, ils ont une serviette autour de la taille, ce qui les rend encore plus grotesques. Je ne sais pas ce que mon grand-père a mangé, en ce jour de fête : en tant que petite-fille, je me dois d'accomplir un acte pieux à son égard. Je lui achète donc cinquante fens de pommes, pour qu'il fête la fin du jeûne. Mais le voilà parti avant même que je lui donne son cadeau.

Sur le marché aux légumes, je rencontre ma grand-mère maternelle : mon grand-père lui a demandé d'acheter des pommes, m'apprend-elle. Je lui donne donc mes pommes et, en outre, je vais chercher pour elle un yuan de poires. J'ai dépensé tant d'argent en si peu de temps ! Ce n'est pas que je le veux, mais je ne peux pas faire autrement. Je retourne donc vers l'école. Devant la porte du marché, je vois une vieille femme qui me fait penser à ma grand-mère paternelle. J'achète donc pour cinquante fens de poires. Elle aussi a plus de soixante-dix ans : il est plus que temps que l'on ait pour elle des sentiments pieux.

J'ai utilisé tout l'argent avec lequel je devais acheter un cahier. À part les trente-cinq yuans que j'ai dépensés dans la capitale du district quand j'ai passé l'examen, c'est la première fois, depuis l'école primaire, que je dépense tant d'argent en une seule fois : deux yuans ! Mais j'y étais obligée. Pour honorer une grande fête, vous devez acheter de bonnes choses à manger, de beaux vêtements, pour tous les membres de votre famille. Je n'ai pas grand-chose, sinon mon sens des responsabilités, et la piété, dans mon cœur.

Les suites de l'histoire

La solidarité des lecteurs

La parution en France, en janvier 2002, dans le quotidien *Libération*, d'extraits du journal de Ma Yan a suscité de nombreuses réactions de lecteurs, touchés par le destin de cette jeune Chinoise, par sa révolte et son désir simple de pouvoir étudier. Certains accompagnaient leurs lettres de propositions concrètes pour venir en aide à Ma Yan, plusieurs s'engageant même à lui financer ses études jusqu'à leur terme, quelle qu'en soit la durée.

Quelques-uns expliquaient leurs réactions par à un passé difficile, certains étaient conscients de leur culpabilité de « riches », ou encore en appelaient à un simple élan de générosité.

« Au début du siècle dernier, écrit ainsi une lectrice, mes ancêtres féminines n'avaient d'autre choix que celui de Ma Yan. Ma mère, mieux nourrie, très intelligente et travailleuse, fille de petits paysans misérables sortis du lot, n'a pas eu le droit de faire des études. (...) Alors dans l'immensité des injustices et des horreurs du monde, je reste davantage sensible au gâchis que l'on fait des filles. Et à leur misère, plus terrible encore que celle des garçons. Je me sens solidaire de cette jeune fille qui a le courage de dire sa révolte, ce qui est toujours difficile. »

Un couple se dit « confronté au problème de notre fille qui, bien que brillante, n'aime pas l'école et doit être poussée pour aller à la danse ! Elle a douze ans. Cet article peut nous aider à lui faire comprendre pourquoi nous trouvons son attitude déplacée ».

Un homme s'indigne : « Cette mère qui se sacrifie pour retarder un peu le moment fatidique pour sa fille – arrêter l'école qu'elle voudrait voir, du haut de sa naïveté d'enfant, continuer toute sa vie – appelle chez nous non seulement une émotion mais aussi une réaction : nous ne pouvons rester sans rien faire, sans essayer de changer un peu les choses. Nous ne sommes pas des héros mais nous ne souhaitons sûrement pas être des lâches et passer dans cette vie tels des touristes en mal de plaisir et de beauté, la face tournée uniquement du côté des choses qui nous émerveillent. À défaut de pouvoir aider financièrement, nous pouvons peut-être aider en réagissant, en parlant autour de nous de ce drame que Ma Yan vit et qui est le quotidien des filles et, dans une moindre mesure, des garçons de sa région. »

Un autre lecteur propose : « Pourrait-on, comme le font certaines organisations non gouvernementales, donner chaque mois suffisamment d'argent à cette famille pour que Ma Yan puisse continuer à étudier ? Ce n'est pas du tout pour faire l'aumône mais, pour une fois, écoutons Mao : si on donne un filet à un pêcheur, il pourra attraper du poisson ! Cet argent pourrait être le filet de Ma Yan. »

Après un rapide échange avec les lecteurs qui se sont manifestés, nous décidons de mettre en place un fonds qui aidera les enfants des familles en difficulté dans cette région du Ningxia à retourner à l'école. Pas de grosse structure ou de nouvelle ONG, mais un système simple de parrainage d'enfants[1]. À ceux-là nous

1. Une association, Enfants du Ningxia, a vu le jour au cours de l'été 2002 pour organiser cette solidarité : 45, rue Notre-Dame-de-Nazareth, 75003 Paris.

demanderons seulement de nous écrire au cours du semestre pour donner des nouvelles de leur scolarité et nous dire si tout va bien. Nous faisons de cette correspondance la condition de la poursuite de cette bourse au semestre suivant, car ce nous semble le seul moyen de nous assurer que l'argent est bien employé pour la scolarité des enfants.

Lettre de Ma Yan

Chers oncles et tantes[1],

How are you[2] ? *J'ai reçu votre lettre le 17 février 2002. Ce jour-là, mon père est allé à la ville pour une foire, et il a trouvé la lettre à la poste. Il l'a ouverte tout de suite, mais il y avait quelques caractères qu'il ne connaissait pas. Rentré à la maison, il m'a demandé de la lire. Quand j'ai eu fini la lecture, je ne sais pas pourquoi, j'étais toute en sueur, comme si j'avais perdu toutes mes forces – peut-être parce que j'étais trop émue, trop contente. Papa a dit, quand il a fini de lire la lettre, qu'il ne savait pas s'il marchait sur la terre ou dans le ciel, parce que tout son corps flottait. Maman a ajouté : « Enfin le ciel a ouvert ses yeux, je n'ai pas pleuré pour rien dans la montagne. Mes larmes étaient alors dues à la douleur et à la tristesse, maintenant c'est à la joie. Je vous souhaite une bonne année, et vous exprime toute ma gratitude. »*

Après avoir lu votre lettre, j'ai compris vraiment ce que signifie la joie dans ce monde, l'amitié et le sens de la vie. Je remercie tous ces gens qui sont déterminés à m'aider. Je suis heureuse que de jeunes Français veuillent être mes amis, je voudrais leur écrire, leur téléphoner tout de suite, mais je ne connais ni leur adresse ni leur numéro de téléphone, et puis ils ne comprennent pas le chinois. J'espère

1. Ma Yan s'adresse aux lecteurs qui, après l'article paru dans *Libération*, ont décidé d'aider les enfants du Ningxia. « Oncle » et « tante » sont les formules respectueuses utilisées par les enfants pour les adultes.

2. En anglais dans le texte chinois.

que vous pouvez leur donner mon adresse : je veux être leur amie, leur meilleure amie. Je leur dis : Thank you[1].

Vous avez dit que vous pouvez aider d'autres enfants de familles en difficulté : j'en suis très contente. Pour moi les difficultés sont derrière moi. Laissez-les finir leurs études, réaliser leurs rêves. Tous mes remerciements.

Je vais bientôt reprendre l'école. Je ferai des efforts pour ne pas décevoir l'attente de tous.

Je vous souhaite beaucoup de succès pendant l'année du cheval.

Ma Yan,
le 19 février 2002.

1. *Idem.*

Des bourses pour étudier

C'est notre troisième voyage[1]. Notre objectif est limité : offrir à quelques enfants de familles en difficulté des bourses d'études, que les sommes recueillies autour du cas de Ma Yan permettent d'assurer. Première étape, le collège de la commune rurale de Yuwang, dirigé par un homme dont la bonne volonté dépasse de loin les moyens.

Il nous confie un chiffre brutal : les effectifs sont tombés de 994 à 912 élèves entre le premier et le second semestre 2001-2002 en raison des difficultés financières des familles paysannes. Près d'un dixième des élèves en moins parmi ceux qui avaient réussi à accéder au collège. Et, pour eux, pas le moindre recours.

Le directeur nous présente six jeunes filles qui font partie de ces exclus du second semestre, car les filles sont les premières victimes de la sélection par l'argent[2].

---

1. Le premier voyage de Pierre Haski a été marqué par la remise des carnets, en mai 2001. Le deuxième lui a permis de rencontrer Ma Yan et sa mère, dès juin 2001. Ce troisième, en mars 2002, après la publication du reportage dans *Libération*, a permis de lancer les bourses. Un quatrième a eu lieu en juillet 2002 (*voir page 254 et suiv.*).

2. Dans le sud du pays, dans la province du Guangxi, une Française, Françoise Gronot-Wang, mène, avec son association Couleurs de Chine, une action sur une bien plus grande échelle en faveur des enfants non scolarisés issus des minorités ethniques de la région. Son point de départ en 1998 : en faisant le tour des écoles, elle constata qu'il n'y avait quasiment aucune fille. Elle en aide aujourd'hui plus de 1 200 grâce à une formule de parrainages. On peut consulter son site internet : www.actualitesolidarite.com/reportage/ong/couleurchine/couleurchine.htm

L'une d'elles, handicapée par la polio, est pourtant une des meilleures élèves du collège, mais ses parents ne peuvent plus suivre. Ces six filles et Ma Yan, toutes désormais assurées de poursuivre leurs études grâce à la solidarité des lecteurs, posent ensemble pour une photo (*voir page suivante*) : elles laissent éclater leur joie après avoir tenté un moment de rester sérieuses face à l'objectif de Wang Zheng...

Les enfants doivent payer des frais d'inscription d'environ 200 yuans par semestre pour un enseignement rudimentaire, marqué par une austérité absolue. Une somme qui double pour les deux tiers des collégiens, originaires des villages des environs, qui sont pensionnaires. Ils doivent apporter le riz de leurs repas et un peu d'argent pour avoir quelques légumes – il n'y a jamais de viande. Le directeur nous indique qu'il peut exempter les plus pauvres des droits d'inscription, mais ne peut rien faire pour leur nourriture. C'est une charge considérable pour de nombreuses familles dont le revenu annuel n'excède pas 400 à 500 yuans et qui ont souvent plusieurs enfants à scolariser. Déjà soumises à une précarité insupportable, elles ne peuvent en endurer davantage.

Étape suivante : le village de Zhang Jia Shu. Très vite, autour de la maison de Ma Yan se réunissent tous les habitants, qui manifestent ainsi l'attente très forte que suscite notre présence. Nous disposions déjà de quelques noms d'enfants que nous souhaitons aider, à commencer par cette jeune fille, rencontrée lors de notre premier séjour, qui s'est enfuie en hurlant son désir de retourner à l'école. Difficile d'oublier une telle douleur.

D'autres noms s'imposent rapidement quand nous discutons avec les villageois. Mais il nous faut asso-

Ma Yan et les six collégiennes bénéficiaires des bourses de lecteurs de Libération.

Le secrétaire du Parti communiste de Yuwang, M. Luo, et les villageois à travers champs.

cier à cette consultation les autorités locales qui ont soutenu notre démarche : le vieux chef du village, le secrétaire du Parti communiste et le jeune imam... Il reste six bourses à offrir, nous leur demandons leurs suggestions. S'engagent alors de longs conciliabules entre ces trois hommes, accroupis dans un champ devant la maison de Ma Yan. Autant de rivaux qui ont chacun leur légitimité propre, donc des « clientèles » à satisfaire... Une liste nous est finalement présentée, fruit, visiblement, d'un savant compromis.

Nous rencontrons chaque enfant et chaque famille. Quelles qu'aient été les arrière-pensées des uns et des autres, les bénéficiaires étaient assurément dans le besoin.

Il était évident que nous ne pouvions pas satisfaire toutes les attentes... Notre présence a créé autant de frustrations que de satisfactions. Un soir, dans la nuit noire, alors que nous revenons de la maison d'une des familles que nous souhaitions aider, notre voiture doit s'arrêter net en pleine nuit pour éviter une femme agenouillée au milieu de la piste, les bras en croix. Elle a entendu le moteur de la voiture. Elle sait qui nous sommes. Elle trouve injuste que ses enfants n'aient pas été sélectionnés, elle n'a pas d'autre moyen d'attirer notre attention. La mort dans l'âme, il nous a fallu l'ignorer, car céder à sa demande aurait suscité d'autres espoirs et d'autres démarches de ce genre, que nous ne pouvions plus satisfaire...

Au détour d'une route, un slogan peint dans la cour d'une école : « Même s'il manque du riz dans le bol, envoie ton enfant à l'école » ... Ailleurs, un autre slogan sur un mur : « Si un enfant ne va pas

Ma Yan découvrant l'article de Libération.

Pierre Haski avec Ma Yan, devant la maison.

à l'école, c'est la faute des parents. » Comment cette manière de culpabiliser les parents nous apparaîtrait-elle conforme à la réalité, dans une situation où l'État n'assume plus pleinement son rôle ? Sans parler de cette période de catastrophe naturelle, cinq années consécutives de sécheresse.

Elle s'est levée à trois heures du matin et, dans le froid glacial qui ne faiblissait pas en ce mois de mars, elle a marché pendant quatre heures à travers les collines. Une fois arrivée dans la commune de Yuwang, elle s'est renseignée pour savoir où étaient descendus « les étrangers ». Et, dès sept heures et demie, elle attendait devant nos chambres d'hôtel.

Grelottant encore, l'adolescente intrépide a entendu dire que nous étions revenus à Zhang Jia Shu avec des bourses pour les enfants privés d'école. Déçue de ne pas avoir été retenue, elle a décidé de venir plaider sa cause *in extremis* avant notre départ de la région, estimant mériter, elle aussi, cette aide venue d'ailleurs. En l'absence de ses parents, partis récolter le fa cai en Mongolie-Intérieure, elle a supplié son oncle de venir avec elle pour ne pas marcher seule en pleine nuit.

À côté d'elle, un couple accompagné d'une jeune fille timide tente la même démarche. Le père s'est blessé en tombant d'un tracteur, là encore lors d'une expédition de fa cai, et le fragile équilibre économique de la famille a été rompu. Ils sont venus, eux aussi, pour plaider en faveur d'un soutien à leur fille, camarade de collège de Ma Yan, menacée à tout moment d'arrêter ses études faute de moyens financiers.

En venant apporter un peu d'aide mobilisée à l'étranger autour du cas de Ma Yan, nous avons fait surgir l'immensité de la détresse de cette région. Il nous était évidemment impossible d'y répondre. L'ampleur de l'espoir que nous avons suscité, révélateur de l'isolement et de l'abandon dont souffrent ces paysans, est si démesuré par rapport à la modestie de notre démarche.

Lorsque l'on vit en Chine, on sait bien que cet immense pays reste largement sous-développé, que des pans entiers de sa population, surtout dans les provinces de l'Ouest, n'ont pas suivi la formidable croissance de son économie. Mais les « vitrines » de plus en plus opulentes de Pékin et de Shanghai ont une vertu anesthésiante, elles masquent la dure réalité souvent cachée à l'intérieur même des grandes villes, *a fortiori* à mille kilomètres de là. Le Ningxia vaut pour piqûre de rappel : la pauvreté est loin d'avoir été éradiquée dans une Chine qui creuse désormais à vitesse accélérée un fossé entre ceux de ses habitants qui bénéficient de son décollage, et la grande masse des oubliés de la croissance.

Le courrier du désespoir

Après notre retour à Pékin, un abondant courrier a continué de nous faire parvenir les échos de la misère du triangle de Xi Hai Gu. Une jeune fille, élève du même collège que Ma Yan, écrit après nous avoir vus passer dans son établissement. Elle ne demande rien, elle veut simplement nous remercier pour nous être intéressés au sort des enfants du Ningxia. Au détour d'une phrase, elle se dit condamnée, souffrant de troubles apparemment dus à la sous-alimentation.

Plus tard, dans une deuxième lettre, elle se confie, dessinant une situation qui rappelle en tout point celle que Ma Yan décrit dans son journal :

Vous m'avez dit que si je mange un peu plus, mon estomac pourrait aller mieux ? Mais nous sommes sept personnes à la maison, pour trente mu de terre. Chaque année, les récoltes ne sont pas bonnes. Nous devons compter sur la pluie du ciel. Mais, ces dernières années, il n'a pas plu. Nous, les paysans, nous sombrons dans la misère. Pendant trois mois, il n'y a rien à manger. Même à la maison, il n'y a pas suffisamment à manger : comment pourrais-je en apporter à l'école ? Comment aurais-je le courage de prendre quoi que ce soit en laissant ma jeune sœur avoir faim à la maison ? Si l'on veut vivre dans le confort, pourquoi venir à l'école ? Ce n'est pas grave, la vie est banale en elle-même. Le vrai bonheur est dans chaque petite chose.

Je vomis une ou deux fois par semaine, je contrôle en cachette, je ne sais pas jusqu'à quand cela va durer.

Mais je persiste. Comme on dit souvent : la persévérance est la victoire. Je vis avec un masque amer au fond de mon cœur, mais un sourire sur le visage lorsque je croise chaque professeur et chaque camarade, pour qu'ils ne voient rien. Ne soyez pas inquiets, je persisterai jusqu'à la fin.

Nous sommes allés rendre visite à cette jeune fille en juillet 2002, dans le village de Hequ, à quinze kilomètres au nord de Yuwang, en empruntant une piste particulièrement dangereuse bordée de ravins. La route passe par un fortin ayant appartenu à un seigneur de guerre des années 1920, et occupé un temps par Mao Zedong et le journaliste américain Edgar Snow pendant la Longue Marche. Aujourd'hui, ses ruines sont devenues le royaume exclusif des moutons et des chèvres.

À l'arrivée, Wei Yonge, une jeune fille fidèle au portrait qui se dégageait de ses lettres, moins timide toutefois à l'écrit... Elle vit très modestement dans une maison de brique avec sa mère et ses trois petites sœurs. Son frère aîné est parti depuis un an tenter sa chance en ville, mais il n'a plus donné de nouvelles depuis. Le père, lui, travaille comme mineur dans la province du Shaanxi. Le lendemain de notre visite, il est blessé dans un accident qui a coûté la vie à douze mineurs, un désastre très fréquent dans ce secteur archaïque et peu contrôlé. Sa fille, au prix d'incroyables efforts et privations qui ont gravement nui à sa santé, entrera au lycée en septembre 2002. La force de sa volonté rappelle celle de Ma Yan.

Voici une autre lettre, adressée cette fois par l'une des boursières que nous avons « adoptée ». Elle est heureuse maintenant, mais son univers est si misérable... Ma Yan est loin d'être un cas unique.

Je suis issue d'une famille très pauvre depuis des générations. Nous vivons de la culture de la terre, mais le climat d'ici est assez anormal, il arrive qu'il ne pleuve pas pendant des années. Les cultures dans les champs ont très soif, et se fanent. La vie des paysans est sans espoir. Chaque famille emprunte un peu riz à l'un, un peu de farine à l'autre. Je me souviens que, quand j'étais petite, un hiver, je n'avais pas de vêtement, je portais juste une grande chemise, je tremblais de froid tous les jours.

Maintenant, les conditions économiques sont meilleures : dans une famille, il peut enfin y avoir un enfant envoyé à l'école. Comme je suis l'aînée de la famille, mes parents m'ont envoyée la première à l'école. Quand je suis arrivée en deuxième année de primaire, mon père a voulu que ma petite sœur aille à l'école. Il a dit : « Pour une fille, faire deux ans d'école c'est déjà suffisant. » J'étais furieuse. Pourquoi la pensée des gens d'ici est-elle si arriérée ? Je ne voulais pas céder, je pleurais tous les jours. Finalement avec l'aide des amis de la famille, j'ai pu retourner à l'école. Ainsi, je suis arrivée en cinquième année de l'école primaire. J'ai réussi le concours du collège pour filles de Hairu (dans le chef-lieu du district de Tongxin). J'aimais beaucoup cette école qui est faite pour élever la qualité d'éducation des filles. Mais je n'ai pas eu la chance d'y rester, parce que mon père a eu un accident de tracteur sur la route en allant chercher du fa cai : son cerveau a été blessé. À ce moment-là, mon grand-père est tombé malade, très gravement, je devais donc revenir à la maison.

Les vacances sont passées, mon père n'a pas changé d'avis. Je pensais que je n'avais plus d'espoir de faire des études dans cette vie. La rentrée est arrivée, je ne pouvais que regarder les autres enfants aller à l'école, ma douleur était profonde. J'ai couru en haut de la montagne pour les voir, et j'ai pleuré. Revenue à la maison, j'étais comme ivre, ma tête me faisait mal, je ne faisais que crier : « Pourquoi ? »... Je refusais de manger. Mon grand-père m'a dit : « Mange. Manger est important. Je comprends que tu veuilles aller à l'école, mais nous n'en avons pas les moyens. » Mon cœur est retombé très bas. Grand-père a vu que je n'allais pas bien, il a discuté avec les autres : est-ce bien d'aller à l'école ? Ou bien de souffrir, d'être pauvre ? Tout le monde lui a répondu : « C'est bien d'aller à l'école, mais il n'y a pas moyen. »

J'ai compris que mon grand-père était en train de changer d'idée, j'avais donc l'espoir de retourner à l'école. En effet, il est allé emprunter de l'argent à ses vieux amis. Mais les jours passaient, et il manquait encore beaucoup pour payer mes frais de scolarité. À ce moment, un voisin a suggéré : « Laissez-la continuer au collège de Yuwang, les frais de scolarité sont moins élevés. » Je suis finalement allée dans ce collège. Mais comme mon grand-père s'est donné trop de mal à cause de moi, sa maladie s'est aggravée. À ce moment-là, vous êtes venus dans mon collège pour voir une de mes amies [Ma Yan] : comme je l'enviais. Ce à quoi je ne m'attendais pas, c'est que vous me tendiez la main le lendemain. Je ne sais vraiment pas comment vous remercier. Je sais que mon seul moyen aujourd'hui est de bien étudier.

Ma Zhongwei, un père de famille de Zhong Jia Shu, nous a, lui aussi, écrit. Il a pris soin de faire viser son courrier par le comité du parti du village pour qu'il atteste la véracité de son propos. Une lettre adressée d'abord aux dirigeants chinois, mais aussi aux « camarades des régions développées », et à nous, étrangers, qui pouvons l'aider à maintenir ses enfants à l'école. Il tente d'analyser les raisons du sous-développement du village. Son raisonnement est logique mais sans issue :

Le développement de l'agriculture dépend de la science ; la science dépend des talents ; les talents dépendent de l'éducation. Mais de quoi dépend l'éducation ? La pauvreté est responsable de tous ces enfants qui arrêtent l'école. La pauvreté est plus cruelle que la mort. Combien d'enfants sont entrés à l'école en riant, mais l'ont quittée dans les larmes ? Actuellement, combien de petits yeux dans les régions pauvres attendent d'être sauvés des mains de la « mort », pour servir le développement économique local ?

Camarades, Mao Zedong a dit : « Le monde est à vous, mais aussi à nous. Mais définitivement à vous. Vous, les jeunes, vous vivez à une meilleure époque, comme le soleil du matin de huit ou neuf heures. L'espoir repose sur vous. »

Pour dire franchement la vérité, plusieurs générations de ma famille sont pauvres, et ne sont jamais allées à l'école. « Que les enfants deviennent des dragons[1] *» est mon rêve depuis des années. Mais la réalité est contre moi. Ma femme et moi sommes gravement malades, et, à cause de la pauvreté, nous n'avons pas les moyens de nous soigner, notre vie ne sera peut-être pas sauvée. Dans cette situation, le problème de nos quatre enfants qui vont à l'école devient réel. Je veux*

1. Le dragon, symbole de la Chine impériale renversée en 1912, était représenté sur tous les ornements impériaux, vases, drapeaux, sculptures...

me sacrifier pour ne pas gâcher l'avenir de mes enfants. J'écris donc ces lignes au cœur de ma maladie. J'espère que les bonnes consciences de la société pourront m'aider à passer ces difficultés. Pour la vie, pour les enfants, j'écris au gouvernement local pour qu'il nous aide, afin que les malades puissent se faire soigner, afin que mes quatre enfants puissent rester à l'école.

Quatrième voyage

Juillet 2002 : nous sommes de retour à Zhang Jia Shu, pour la quatrième fois. Dès l'entrée du village, nous apercevons des paysans au travail dans un champ. Une jeune fille se précipite vers notre voiture en nous apercevant : c'est l'une des bénéficiaires des bourses des lecteurs. Elle est revenue aider ses parents aux champs pendant les vacances scolaires, mais ses résultats sont excellents et elle reprendra le chemin du collège à la rentrée.

Très vite, un attroupement se forme dans la maison de Ma Yan et, parmi les nombreux enfants, nous reconnaissons plusieurs de ceux qui ont retrouvé avec bonheur les bancs rafistolés de leur école. De nombreux parents, également, qui viennent plaider en faveur de leurs enfants. Car, dans une communauté aussi démunie, l'aide apportée à quelques-uns suscite autant de désillusions qu'elle résout de problèmes. La situation est difficile à gérer car nul ne comprend que nous ne sommes pas les Nations unies, nous sommes seulement les modestes représentants d'un petit nombre d'Européens émus par une histoire qu'ils ont lue dans un journal…

La mère de Ma Yan nous accueille, mais elle est en proie à l'une de ces crises de crampes à l'estomac dont sa fille fait état régulièrement dans son journal. Nous décidons de l'emmener, en compagnie de Ma Yan, à l'hôpital de Yinchuan, situé à quatre cents kilomètres plus au nord. Un médecin diagnostique un ulcère à l'estomac, compliqué d'autres maux également dus à l'absence de soins, mais aussi à l'hygiène insuffisante dans ce village sans eau.

Ce voyage motivé par l'urgence médicale prendra, à notre insu, une dimension initiatique. Ma Yan n'était jamais sortie de son district rural du sud du Ningxia. Elle se retrouve aujourd'hui dans une ville qui, sans avoir l'éclat de Shanghai ni la puissance de Pékin, n'en a pas moins connu une rapide modernisation ces dernières années. Les yeux exorbités, elle voit des adolescentes en minijupe assises en amazone à l'arrière des scooters, des publicités lumineuses tapageuses, des restaurants et des magasins de vêtements ou d'électroménager alignés à perte de vue sur les grandes avenues... Elle découvre une Chine entrevue à la télévision, mais dont elle n'avait pas mesuré, visiblement, à quel point elle est éloignée de son quotidien.

Ainsi, Ma Yan découvre l'eau chaude au robinet de la salle de bains de sa chambre d'hôtel, et toutes les commodités : douche, baignoire, W-C, lavabo... Elle utilise, là encore pour la première fois, du savon, alors que chez elle on se lave avec de la lessive.

Autre « première », elle emprunte un ascenseur, puis un escalator. Elle en a le vertige, dans ce grand magasin de quatre étages où des milliers de clients semblent pris d'une frénésie de consommation sans trop se poser la question de l'argent... Elle déambule dans un marché couvert, autrement mieux approvisionné que la modeste foire de Yuwang... Elle goûte au Coca-Cola, aux glaces, et, dans un restaurant – musulman, insiste la mère –, elle se gave de mouton jusqu'à indigestion.

Mais Ma Yan apprend vite. À sa mère qui ouvre des yeux encore plus grands la collégienne de Yuwang dit : « Ne te penche pas comme ça, ça fait

Ma Yan à Yinchuan.

À Yinchuan, les adieux de Ma Yan et de sa mère
à l'heure du retour au village.

paysanne »... À l'heure du départ, elle nous confie que ce voyage a été une « expérience inoubliable » qui, n'en doutons pas, l'aura fait réfléchir sur sa vie et sur ses ambitions.

La jeune Chinoise est repartie vers son village avec des rêves plein la tête. Ils étaient jusque-là irréalisables, se heurtant au mur invisible de la misère. Aujourd'hui, grâce au miracle de ces carnets révélés au monde, à la solidarité qu'ils ont engendrée, l'horizon de Ma Yan s'est subitement ouvert.

Quand nous l'avions informée de ce soutien, elle nous avait écrit (*voir page 238*) : « J'ai compris vraiment ce que signifie la joie dans ce monde, l'amitié et le sens de la vie. »

La fatalité qui écrasait Zhang Jia Shu a été vaincue.

Depuis la publication de l'article, vingt puis trente enfants ont bénéficié de cette aide venue d'Europe. Une goutte d'eau au regard des besoins, mais elle fait toute la différence dans la vie de ces enfants. Tous ont écrit une lettre pour dire qu'ils allaient bien à l'école.

Le geste spontané de la mère de Ma Yan pour nous remettre ces documents, comme on jette une bouteille à la mer dans les situations désespérées, a eu des conséquences qui ont dépassé tout ce qu'elle pouvait imaginer. Sa vie, celle de sa famille, mais aussi de nombreux autres enfants de ce village oublié du bout du monde, en ont été transformées.

Annexes

Annexe 1

Notre photographe, Wang Zheng

Wang Zheng fut notre point d'entrée au Ningxia. Sarah Neiger, une amie française à Pékin, avait « découvert » ses photos inédites en effectuant des recherches pour une exposition consacrée à des photographes chinois en France[1]. Son travail en noir et blanc nous avait frappés : il avait su capter de l'intérieur une Chine rurale et aride, mais aussi un islam vivant et populaire. La Chine qu'il montrait était inhabituelle, inédite.

Lors d'une rencontre à Pékin, Wang Zheng nous explique sa démarche. Cet homme chaleureux, d'une quarantaine d'années, est lui-même originaire de ce cône sud du Ningxia. Son père avait rejoint Mao Zedong dans sa « zone libérée » de Yanan, dans la province voisine du Shaanxi, à la fin des années 1930, à l'issue de la Longue Marche de l'armée communiste en retraite qui avait traversé les montagnes du sud du Ningxia. Après la création de la République populaire, en 1949, son père, aujourd'hui âgé de plus de quatre-vingts ans, fut un cadre communiste dans son district d'origine. Wang Zheng, lui, s'est rapproché de l'islam, dominant au Ningxia.

1. Cf. *L'Album de la famille Chine*, catalogue de l'exposition de douze photographes chinois contemporains, dont Wang Zheng, Théâtre de la photographie et de l'image, Nice Musées, 2001.

Wang Zheng sait que sa région est condamnée par une nature hostile, et il a choisi d'en conserver la mémoire photographique. Depuis cinq ans, il sillonne le sud du Ningxia, région méconnue des Chinois eux-mêmes. À la photo, il a ajouté un travail documentaire important, répertoriant les clans, les familles, les itinéraires personnels et collectifs, en une banque de données destinée à immortaliser ces villages arides qui se dépeuplent.

Sillonnant les pistes cahoteuses et les collines de lœss du Ningxia, Wang Zheng a fixé des scènes de la vie quotidienne de ces paysans pieux du désert, toujours en train de travailler la terre dans l'attente d'une pluie hypothétique, jamais résignés. Il a aussi été accepté dans les grands rassemblements religieux où les caméras sont généralement bannies, comme les funérailles d'un chef de confrérie, ou simplement à la sortie d'une mosquée à l'issue de la prière, ou au début d'un repas de famille.

Il a réussi à montrer l'âme d'une région qui ne serait autrement qu'une statistique déprimante vouée à disparaître. Wang Zheng se décrit comme un « photographe libre » et vit désormais à Yinchuan, la capitale du Ningxia.

Annexe 2

Le pays de la soif

Dans le village de Zhang Jia Shu, le manque d'eau se ressent à de multiples détails. Ainsi, Hu Dengshuang, le jeune imam de ce village montagneux de mille huit cents âmes sert un thé fait avec de la neige fondue stockée pendant l'hiver dans des citernes souterraines.

Quand ces réserves sont vides, les habitants vont à la commune voisine plaider pour qu'on leur envoie un camion-citerne. Ou ils doivent se contenter de l'« eau amère » que l'on trouve à une heure de marche de là, au fond d'un ravin (*voir page 84*)…

« Avec de l'eau, on pourrait avoir une vie normale ici », dit l'imam. Parfois, pour économiser le précieux liquide, il doit procéder aux ablutions précédant ses cinq prières quotidiennes avec du sable… Il nous fait une démonstration : difficile de trouver meilleur symbole de la sécheresse que cette manière rituelle de représenter l'absence.

Un soir, alors que nous discutons dans une maison, un gamin entre, tout excité : « Il va pleuvoir », assure-t-il. Tout le monde sort, pour constater, effectivement, que le ciel est lourd. Le vent se lève, au loin des éclairs illuminent l'horizon. Chacun attend la pluie mais, au bout de deux ou trois gouttes, le ciel s'apaise, l'orage passe sans se déverser. Déçus, les villageois retournent dans leurs maisons.

Lors de notre premier passage, en mai 2001, la terre est sèche, jaune, mais les paysans continuent de cultiver leurs parcelles. Ils s'épuisent à pousser leur charrue sur le sol aride, parfois aidés par un âne ou, plus rarement, par un bœuf. Un mois plus tard, à notre retour, les collines sont verdoyantes. Un miracle a-t-il eu lieu ? Un paysan nous détrompe rapidement : le blé est effectivement sorti de terre mais, faute d'eau, il a séché sur pied. Joignant le geste à la parole, il prend une tige entre les doigts, et elle s'effrite. Seuls des pastèques et des haricots, plantés sous des bâches en plastique destinées à recueillir la rosée matinale, pourront être récoltés.

Un an plus tard, en juillet 2002, les pluies exceptionnelles qu'a enregistrées la Chine ont fourni à la région ses meilleures récoltes depuis vingt ans. Les collines arides ont réellement pris des couleurs et un faux air joyeux. Pourtant, le sous-développement est tel que, même dans ces circonstances climatiques idéales, la terre ne parvient pas à nourrir les habitants de Zhang Jia Shu.

Si la nature n'est pas des plus hospitalières, l'homme n'a rien arrangé. Les anciens se souviennent d'un temps où cette région, aujourd'hui menacée par la désertification, ne manquait pas d'arbres. Mais ils ajoutent, tristement, qu'ils ont été coupés lors du vent de folie du Grand Bond en avant (1958-1962) décidé par Mao Zedong, lorsque chaque village a été transformé en haut fourneau pour augmenter massivement la production d'acier. Les paysans en paient encore le prix aujourd'hui.

Un rapport des Nations unies, en 1992, relevait que, dans certains districts du Ningxia, la population était entre quatre et treize fois supérieure à ce que la terre pouvait raisonnablement assurer. Le rapport estimait également que la disponibilité en eau du Ningxia était inférieure de moitié à la moyenne nationale chinoise. Avec de fortes disparités régionales, puisque le Huanghe – le fleuve Jaune –, l'une des grandes voies d'eau de la Chine, berceau fondateur du peuple chinois selon la mythologie, traverse le Ningxia un peu plus au nord. D'ailleurs, le fleuve Jaune souffre aussi du manque d'eau, et un projet pharaonique du gouvernement chinois vise à détourner, d'ici dix ans, une partie du fort débit du fleuve Yang-tseukiang – le fleuve Bleu –, au centre du pays, vers le fleuve Jaune, afin d'irriguer la Chine du Nord. Mais ce projet aboutira en aval du Ningxia.

Partir ? Tout le monde en rêve, tant la vie ici est rude. Mais rares sont ceux qui en ont les moyens. Le gouvernement chinois a certes lancé à la fin des années 1990 un grand programme de transfert de population vers des zones plus hospitalières à cent cinquante kilomètres plus au nord, en bordure du fleuve Jaune. Un plan baptisé « 1-2-3-6 », c'est-à-dire, selon le jargon officiel chinois, « un million de personnes, deux millions de mu, trois milliards de yuans, six ans ». On peut voir les canalisations et les stations de pompage en projet, sur la route de Yinchuan, à cent cinquante kilomètres seulement de Zhang Jia Shu.

Mais, en quatre ans, à peine plus de cinquante mille paysans ont pu quitter leurs zones arides pour ces terres irriguées. Les paysans doivent disposer d'un apport personnel, ce qui est impossible pour la plupart d'entre eux. « Les gens aimeraient bien être relogés ailleurs, mais les frais sont importants et l'aide du gouvernement quasiment inexistante », souligne l'imam. Lui-même a choisi de rester avec ses ouailles et a convaincu le jeune infirmier du village, tenté par l'exode, d'en faire autant. « Sans lui, nous n'aurions plus accès à aucun soin », dit-il.

Alors, les villageois de Zhang Jia Shu s'accrochent. La moitié d'entre eux correspondent aux critères du gouvernement pour définir l'extrême pauvreté, la totalité si l'on se réfère à ceux des organisations internationales[1]. Certains tentent de tirer malgré tout quelque chose de leur terre asséchée. D'autres se lancent dans l'élevage, plus propice à leur milieu en mutation. Tous, enfin, obéissent au mot d'ordre du gouvernement visant à transformer une partie de leurs terres cultivées en plantations d'arbres pour lutter contre la désertification : en échange, ils reçoivent des subventions sous forme de sacs de céréales... On peut ainsi voir un peu partout ces arbres maigrichons, tout juste plantés, dont les Chinois espèrent qu'ils seront suffisants pour inverser des décennies de dégradation de l'environnement. À l'échelle nationale, les autorités ont lancé un plan sur dix ans, coûtant plusieurs dizaines de milliards de yuans, pour planter des millions d'arbres.

Les villageois de Zhang Jia Shu vivent pleinement la marginalisation de la paysannerie chinoise, qui représente les deux tiers des un milliard trois cents

1. La Chine place le seuil de pauvreté à 635 yuans par an, soit à peine 80 dollars, alors que la Banque mondiale considère qu'il se situe en dessous d'un revenu d'un dollar par jour, soit 365 dollars par an, c'est-à-dire quatre fois plus que le chiffre retenu à Pékin. Grâce à cette présentation des chiffres, le gouvernement chinois a pu annoncer qu'il était parvenu à réduire considérablement le taux de pauvreté : à peine 26 millions de personnes sur près de 1,3 milliard d'habitants. Il en va autrement si on prend en compte les critères internationaux : selon la Banque asiatique de développement (BAD), 230 millions de Chinois vivent encore avec moins d'un dollar par jour, et 670 millions avec moins de deux dollars (chiffres de l'an 2000).

millions de Chinois. Portés aux nues lors des outrances de l'ère maoïste, aujourd'hui oubliée, puis premiers bénéficiaires de l'ouverture économique au début des années 1980, les paysans se retrouvent désormais au bas de l'échelle sociale chinoise. L'écart entre leurs revenus et ceux des citadins ne cesse de croître, tandis que leur influence politique n'en finit pas de décliner. Au point qu'un économiste connu à Pékin, Hu Angang, les décrit comme « le plus grand groupe de population au monde sans représentation politique[1] ».

Leur sort est ainsi résumé par Li Chanping, un ancien cadre communiste villageois rencontré à Pékin, où il s'est exilé après avoir écrit une lettre ouverte au Premier ministre : « L'exode paysan est comme un déluge, et le fardeau paysan aussi lourd que le mont Tai shan. Les paysans sont criblés d'un Himalaya de dettes et les cadres sont comme des sauterelles. Le système de responsabilité ressemble à une cangue[2] et les mesures gouvernementales à des fables, mais les mensonges à la vérité... »

Le Premier ministre chinois, Zhu Rongji, ainsi interpellé, confiait publiquement au printemps 2002 que le sort des paysans était son principal « casse-tête ». Toutes les études en font ainsi les premières victimes potentielles de l'entrée de la Chine dans l'Organisation mondiale du commerce (OMC), fin 2001 : l'agriculture chinoise, restée très archaïque, n'est pas de taille à résister aux productions moins chères venues de l'étranger. Au Ningxia plus encore qu'ailleurs en Chine.

---

1. *Libération*, 5 février 2002.
2. Instrument de torture en Extrême-Orient.

Le gouvernement ne voit d'ailleurs pas d'autre salut pour l'agriculture chinoise que de favoriser l'exode rural : une étude réalisée par un centre de recherche directement rattaché au Conseil d'État, la plus haute instance gouvernementale chinoise, estimait en mai 2002 qu'« environ un tiers des travailleurs ruraux ne sont pas totalement employés, et que les travailleurs ruraux en surnombre sont autour de cent cinquante millions ». Et l'étude concluait : « Le transfert des travailleurs ruraux en surnombre vers les secteurs non ruraux sera le seul moyen d'assurer une croissance durable et saine de l'économie. » Cent cinquante millions d'emplois ruraux à transférer dans les zones urbaines, deux cents millions selon une autre étude, cette fois de l'OCDE : le défi est à la taille de la Chine, immense ! À Zhang Jia Shu, le secrétaire du Parti a exhorté devant nous les habitants à aller chercher du travail ailleurs, alors même que les récoltes de cette année 2002 étaient prometteuses. « Il n'y a pas d'autre solution », explique-t-il.

Cette « population flottante », comme on l'appelle en Chine, est constituée de migrants d'origine rurale en quête d'emploi, temporaire ou permanent, dans les villes. On fait vite la différence, dans les grandes agglomérations, entre les citadins, désormais à l'aise, et ces immigrés de l'intérieur, à la peau plus cuivrée, au regard craintif, mal fagotés et généralement employés à des tâches que les urbains ne veulent plus assurer, sur les chantiers, dans la voirie ou dans les restaurants. Leur sort est peu enviable : ils sont méprisés, exploités, rejetés... Les appels lancés régulièrement dans la presse par les autorités pour que la population respecte ces hommes et ces femmes jetés sur les routes par désespoir sont restés jusqu'ici lettre morte. En attendant, comme le père de Ma Yan, ils sont à la merci des nouveaux exploiteurs dans la Chine des réformes : la Révolution chinoise, qui doit tout aux paysans, a tourné le dos à ses origines.

Annexe 3

L'islam des Hui

Le Ningxia est aussi terre d'islam. La forte identité de cette région s'est construite autour de la foi musulmane des Hui, lointains descendants de commerçants ou émissaires arabes et persans, arrivés en Chine à partir du VIIe siècle par la route de la Soie. Ils sont aujourd'hui en tout point proches des Han, l'ethnie majoritaire chinoise, dont ils partagent la langue, contrairement aux musulmans ouïgours de la province du Xinjiang, culturellement et ethniquement plus ancrés en Asie centrale. Seuls leur pratique religieuse et certains signes distinctifs, comme le port d'un bonnet blanc, les différencient de la majorité des Chinois.

La Constitution de la République populaire née en 1949 a fait des Hui une « nationalité » à part, selon un modèle importé d'URSS dans l'ensemble du monde communiste. « Les Hui sont des musulmans, c'est-à-dire des croyants d'une religion. Or les autorités les considèrent comme une nationalité, un *minzu*, et ils ont dans une certaine mesure intériorisé ce statut. La tension entre ces deux désignations rend problématique l'identité Hui », relève Élisabeth Allès, chercheuse française spécialisée dans l'islam chinois[1]. Les dirigeants communistes chinois, comme en Union sovié-

1. Élisabeth Allès, *Musulmans de Chine*, Paris, Éditions de l'École des hautes études en sciences sociales, 2000.

tique au début du XXe siècle, « pensent qu'il leur est plus facile de traiter avec une minorité nationale qu'avec une communauté religieuse ». Une approche dont on a pu voir les séquelles jusqu'en ex-Yougoslavie, avec les musulmans de Bosnie-Herzégovine.

La présence des Hui dans ces montagnes arides du sud du Ningxia résulte de persécutions religieuses, de guerres et de révoltes des XVIIIe et XIXe siècles. Les deux tiers des Hui de cette région sont en fait originaires du Shaanxi, la province voisine, d'où ils ont été chassés par la répression de la dynastie Qing, au milieu du XIXe siècle, pour être repoussés vers les frontières extérieures de l'époque. On comprend mieux ainsi pourquoi des populations se sont fixées sur des terres si inhospitalières...

Le souvenir de ces périodes troublées reste vivant chez les plus anciens. Lors d'un reportage-photos, Wang Zheng a rencontré un vieil homme qui, revenant de la prière à la mosquée, évoquait, comme s'ils avaient eu lieu la veille, la défaite de la révolte des Hui et leur exode. Ses ancêtres étaient venus de Yuqiao, dans le sud de la province du Shaanxi, ce qui explique, souligne Wang Zheng, que l'on retrouve un endroit nommé Yuqiao dans le district de Xiji (l'un des pôles du triangle de Xi-Hai-Gu, dans le sud du Ningxia). Le père du vieil homme lui avait dit avant de mourir : « Reste serein, prie Allah calmement, cultive la terre et vis. Voilà ce que doivent faire les Hui. »

« Nous sommes un peuple formé par l'histoire, pas parce que les communistes l'ont décrété », souligne Zhao Hui[1], une intellectuelle Hui, professeur à l'uni-

---

1. Il s'agit ici du prénom Hui, mais ce n'est pas le même mot que l'ethnie, en raison des quatre tons de la langue chinoise.

versité de Yinchuan. Cette femme est la fille d'un ancien compagnon de Mao, membre d'un groupe de « musulmans communistes », un bataillon actif pendant la guerre anti-japonaise et qui comptait dans ses rangs un imam. Son héritage lui permet de parler haut et fort en faveur des droits des Hui, sous-représentés, selon elle, au niveau des cadres de la province par rapport à leur importance numérique. Fière de son identité, elle souligne que les Hui sont unis à la fois par « un lien du sang » et par un « lien religieux » : « Si un Han se convertit à l'islam, il restera Han, il n'aura pas de lien du sang avec les Hui »... Elle tient visiblement à marquer sa différence, au point de se dire sensible au port du *hidjab*, jugeant le voile des femmes pakistanaises « très élégant », alors qu'elle nous apparaît tête nue et habillée à l'occidentale. Mais cette affirmation identitaire intransigeante, qu'elle juge vitale pour une minorité qui se retrouve dans de tels symboles, ne risque-t-elle pas d'aller dans le même sens qu'un intégrisme qu'elle dit condamner ?

L'islam est assurément en plein essor au Ningxia, depuis que les outrances antireligieuses de la Révolution culturelle ont cessé. Les Gardes rouges, dans une rage antireligieuse, détruisaient alors la plupart des mosquées, comme celle de Yinchuan, la capitale régionale, qui datait de 1915. « Pis encore, on contraignait des Hui à élever des porcs », s'indigne le professeur Zhao...

Depuis, les mosquées ont proliféré, alternant style chinois et moyen-oriental, parfois mêlant les deux de manière surprenante. Dans la galerie de photos de la grande mosquée Nanguan de Yinchuan, on peut voir des soldats aider aux travaux de reconstruction de cet édifice d'allure moyen-orientale, au début des années 1980, et des officiers supérieurs de l'Armée populaire de libération (APL) effectuer des visites de courtoisie aux imams.

Les portraits de Mao Zedong, de Deng Xiaoping et de Jiang Zemin trônent également dans l'édifice religieux, signe d'une relation apaisée, mais aussi d'une soumission de l'islam officiel au pouvoir communiste. « La liberté religieuse est plus grande qu'il y a dix ans, mais elle n'atteint pas encore ce que nous pensons nécessaire au fond de nous-mêmes. Il y a encore du chemin à parcourir », souligne un dignitaire musulman.

Pourtant, dans les villes et villages de la province, le Parti communiste, d'ordinaire peu partageur, s'accommode fort bien de ce regain d'influence de l'islam. Dans un cas, c'est un secrétaire du Parti, lui-même Hui, qui affirme se rendre tous les vendredis à la grande prière de la mosquée. « Je suis communiste, donc athée, mais je dois être près de mon peuple », explique sans sourciller ce cadre local. Plus tard, sur le ton de la confidence, ce même responsable communiste nous confie que l'islam constitue l'élément central de sa vie, qu'il en respecte les préceptes et les transmet à ses enfants, en tentant, dans la mesure du possible, d'éviter les contradictions entre sa foi et ses responsabilités au sein du Parti... communiste !

À Zhang Jia Shu, village cent pour cent Hui, le jeune imam de trente-quatre ans est assurément l'une des autorités du village, au côté des traditionnels représentants du pouvoir : le chef du village et le secrétaire du Parti. D'autant que, comme Wang Zheng, Hu Dengshuang, lui aussi fils d'un ancien cadre local du Parti, a accompli le même parcours de Marx à Mahomet. Cela provoque parfois des tensions classiques entre le pouvoir politique et administratif, et le pouvoir spirituel qui a peut-être plus d'emprise sur les villageois. Mais le Parti laisse désormais se développer ce type de situations, tant qu'elles ne remettent pas en cause sa légitimité à diriger la localité ou le pays.

Ailleurs, Hong Yang, un chef de confrérie soufie, visiblement un homme d'influence dans la région, occupant le poste de vice-président du parlement local, incarne une cohabitation entre un islam qui ne recherche pas la confrontation et un pouvoir soucieux de ne pas se couper de la population. Ce jeune dignitaire musulman, chef de la confrérie Hong Hu Fu Ye fondée au XIXe siècle par son arrière-grand-père, a étudié l'arabe à Pékin, puis fait de longues études théologiques à l'université islamique d'Islamabad (Pakistan). Il a ainsi côtoyé des croyants issus de l'ensemble du monde musulman, y compris des talibans d'Afghanistan. Il les a même accompagnés chez eux « pour voir », mais juge leur attitude vis-à-vis des femmes « excessive », tout comme il condamne la destruction par l'ancien pouvoir afghan des sculptures géantes du Bouddha.

En 1999, pour dix millions de yuans provenant en partie de dons du monde arabe, Hong Yang a fait construire, en plein désert, un mausolée sur la tombe de ses ancêtres qui ont fondé et dirigé la confrérie avant lui. Les plans ont été dessinés par son propre père qui, à son retour de La Mecque, a conçu un mélange d'architecture chinoise et islamique tout à fait surprenant dans ce paysage désolé. Chaque année, le lieu saint attire des centaines de milliers de fidèles qui viennent du Ningxia, du Gansu ou même du Xinjiang pour un pèlerinage autorisé par les autorités. Toutes choses qui auraient été impensables en Chine il y a quelques années.

Ce jeune notable musulman, qui nous reçoit magnifiquement dans sa vaste demeure moderne tapissée de marbre, tient à souligner que ses ancêtres ont « toujours su garder de bonnes relations avec les gens au pouvoir », quels qu'ils soient. « Aujourd'hui, nous nous entendons bien avec les communistes », précise-t-il. Cela lui permet de développer son influence, en créant des centaines de mosquées rattachées à sa confrérie, mais aussi une trentaine d'écoles.

Hong Yang critique la mentalité des paysans du coin. « Ils ne veulent pas travailler dur. Pendant longtemps, ils ont cru que le Parti communiste ne les laisserait pas mourir de faim, et ils attendaient de l'aide. » C'est ce qu'on appelait, aux temps de la ferveur révolutionnaire, le « bol de riz en fer », qui garantissait un minimum vital quel que soit le travail accompli. Ce système s'est progressivement dissous avec les réformes économiques entreprises par Deng Xiaoping dans les années 1980.

En accord avec l'air du temps chinois, Hong Yang souligne que, dans ses prêches du vendredi à la mosquée, il dit à ses fidèles : « En tant que musulman, il ne faut pas se contenter de ce qu'on a. Il faut améliorer notre vie actuelle et trouver un moyen de s'enrichir. » Il ajoute qu'il encourage les jeunes à aller gagner de l'argent à l'extérieur de la région, et à revenir l'investir. Mais, ajoute-t-il, la priorité devrait aller à l'éducation : « Le problème, c'est l'ignorance du peuple. » À leur manière, Ma

Yan et sa mère ne disent pas autre chose : elles le vivent simplement dans leur chair.

Annexe 4

Démission publique

À cette soif d'éducation, perçue par ces enfants parfois plus que par leurs parents comme leur seule planche de salut pour sortir de la misère, l'État chinois ne répond plus avec les moyens nécessaires. L'enseignement a beau être théoriquement obligatoire et universel pendant neuf ans, la réalité, loin des communiqués triomphalistes de Pékin qui promettent d'éradiquer l'analphabétisme chez les quinze à vingt-quatre ans d'ici à 2005, est aujourd'hui celle d'une régression : ces enfants sont exclus de l'enseignement du fait des difficultés de leurs familles, et ils ne reçoivent aucun soutien public. La situation, difficile dans la majeure partie des campagnes chinoises, est pire dans l'ouest du pays et plus encore au sein des minorités nationales.

Ma Yaoguang, le directeur de l'éducation du district, responsable de cinquante-six écoles, nous a confié, accablé par son impuissance : « Je n'ai pas les moyens d'aider, c'est comme ça. Je dresse la liste des enfants dans le besoin, mais si rien ne vient, ils doivent arrêter leurs études. Avec la sécheresse, c'est plus grave qu'avant. Et, pour les filles, c'est carrément très difficile. Ils le savent en haut lieu »... Parfois, dit-il, un peu d'argent vient de Project Hope, organisation caritative liée à la jeunesse communiste, mais l'aide arrive au compte-gouttes et ne résout rien. Malheureusement, début 2002, un scandale a éclaté à propos de Project Hope, dont les fonds, provenant surtout de la diaspora chinoise, étaient joués en Bourse...

Pour l'école primaire du village de Zhang Jia Shu, l'État paie le salaire d'un instituteur – 800 yuans – et donne une indemnité de 50 yuans à l'imam qui enseigne bénévolement. C'est tout. L'an dernier, l'imam a même fait le voyage pour Pékin, avec l'aide d'un journal chinois, pour tenter de collecter quelques dons afin d'éviter de perdre la moitié de ses effectifs, décimés par les conséquences de la sécheresse. Il y trouva des mécènes privés, trop rares encore en Chine, pour compenser la démission publique.

La République populaire avait pourtant bien commencé : avec à peine 20 % d'enfants scolarisés et un taux d'analphabétisme de 80 % en 1949, l'héritage n'était guère glorieux. La croissance a été rapide et continue, et des écoles ont été construites dans les coins les plus reculés. La Révolution culturelle (1966-1976) désorganisa complètement le système éducatif, qui ne s'en est jamais remis. Avec le début des réformes économiques, dès la fin des années 1970, l'enseignement aux communautés les plus pauvres, c'est-à-dire celles du monde rural en général, des minorités nationales en particulier, a d'abord connu une amélioration, avant de se dégrader dans les années 1990. Au point qu'un sinologue français, Claude Aubert, spécialiste du monde rural, parle de « génération sacrifiée » à propos de ces enfants qui voient l'horizon scolaire s'éloigner.

Le secteur éducatif, tout comme celui de la santé publique, pâtit d'une double évolution de la société chinoise. D'un côté, la mobilisation des ressources au profit de la minorité urbaine et d'une élite censée assurer la modernisation à marche forcée du pays ; de l'autre, la décentralisation des moyens et des dépenses, qui place entre les mains d'autorités locales démunies – ou corrompues – la charge des budgets scolaires. Le gouvernement a tiré en mai 2002 les leçons de l'échec de cette décentralisation excessive en faisant remonter au niveau du district, et non plus du village, le financement et la supervision des écoles. Un pas timide dans la bonne direction s'il est effectivement suivi d'actions concrètes.

Un rapport de l'OCDE sur l'éducation en Chine, publié en décembre 2001, relève que ce pays « consacre moins de 3 % de son produit intérieur brut (PIB) à l'éducation, tous niveaux confondus[1]. À comparer avec les 4,8 % dépensés par le Brésil, qui est à un niveau de développement comparable. Le niveau moyen des pays de l'OCDE est de 6,1 %, allant de 7,4 % en Corée du Sud à 4,2 % au Luxembourg. Dans la plupart des pays de l'OCDE, entre 1990 et 1996, les dépenses d'éducation ont crû plus vite ou au même rythme que la richesse nationale. En Chine, l'objectif du ministère de l'Éducation est de passer à 4 % du PIB, mais cela la laissera encore derrière le niveau de bon nombre de pays[2]. » Cet objectif, fixé au milieu des années 1990, n'est toujours pas atteint en 2002, le budget de l'éducation augmentant moins vite que celui de la défense, déjà six fois supérieur...

1. À peu près le même pourcentage qu'en 1982.
2. Organisation de coopération et de développement économiques, Rapport CCNM/CHINA/DEELSA, 2001.

Cette situation est dénoncée à l'intérieur même de la Chine, surtout lorsque se produisent des dérives inquiétantes. Lorsque, en mars 2001, une violente explosion a ravagé une école primaire du village de Fanglin, dans la province du Jiangxi, au sud-est de la Chine, faisant quarante-deux morts (trente-huit écoliers et quatre instituteurs), la version des autorités n'a pas tenu longtemps la route. Officiellement, un « fou » était venu se suicider dans cette école.

La version des parents était différente : les enfants étaient occupés à fabriquer des pétards et des feux d'artifice pour assurer les salaires impayés de leurs enseignants lorsque s'est produit le terrible accident. Deux semaines plus tard, le Premier ministre chinois, Zhu Rongji, qui avait dans un premier temps défendu la version officielle, s'excusait en direct à la télévision pour ce drame, et annonçait des sanctions.

Cet accident a permis d'attirer l'attention sur la situation de plus en plus désespérée de ces écoles rurales incapables de subvenir à leurs besoins, et dont les enseignants accumulent des retards de salaires considérables. Un député du Jiangxi a même déposé à l'Assemblée nationale populaire (ANP), le Parlement chinois, une résolution réclamant que le gouvernement central prenne à son compte les dépenses éducatives. Mais il en faudra plus pour inverser une tendance lourde.

« La majeure partie du personnel enseignant rural est toujours constituée de paysans sans formation, estime le spécialiste de la Chine Jasper Becker. Les 235 millions d'écoliers chinois sont éduqués par 14 millions d'enseignants, dont 10 millions ont besoin d'une formation accrue et

3 millions n'ont aucune qualification. » Il poursuit : « Depuis 1991, jusqu'à 88 % du financement de l'éducation vient des budgets des gouvernements locaux. Résultat, les enseignants doivent avoir un deuxième travail, car les écoles ont reçu l'ordre d'être autosuffisantes et les villages doivent payer eux-mêmes les nouvelles écoles[1]. »

Cette misère en milieu enseignant rejaillit sur les enfants et leurs parents, souvent surtaxés par des autorités locales indélicates, quand elles ne mettent pas les écoliers au travail, comme dans cet établissement du Jiangxi, loin d'être un cas unique. Une chose est certaine : lorsque la situation des parents se dégrade, comme c'est le cas dans des villages du Ningxia frappés par une sécheresse chronique, il n'existe aucun filet de sécurité pour empêcher le système éducatif local de sombrer, et un nombre croissant d'enfants d'être victimes de l'exclusion.

Un fait divers, relevé dans la presse officielle chinoise en avril 2002, est venu rappeler ce problème à une opinion urbaine indifférente : un écolier âgé de sept ans a été battu à mort dans des conditions particulièrement atroces par son père, un paysan pauvre, parce qu'il exigeait de se rendre à l'école et de ne plus travailler dans les champs. L'incident, rapporté par *Le Quotidien de la loi* de Pékin, s'est produit dans la province orientale du Shandong. Rendu furieux par le refus de son fils, Sheng He, de travailler dans les champs, son père, Sheng Qingjun, l'a battu pendant sept d'heures d'affilée avec un bâton.

---

1. Jasper Becker, « Hard lesson as education neglected », in *South China Morning Post*, Hong-Kong, 13 mars 2001.

La Chine a fait d'immenses progrès pour sortir sa population de la misère : cette réussite rend plus difficilement supportable la régression sociale que subit aujourd'hui une partie de son peuple. Car ces enfants, qui sont entrés à l'école alors que leurs parents n'avaient pu y accéder, ont bien compris que l'instruction pourrait les sauver de la misère. Mais cette porte-là leur est progressivement fermée.

D'autant que, au même moment, se développe dans les villes, et même parfois dans les campagnes plus riches, un système d'enseignement privé, doté de tous les moyens pédagogiques et techniques, d'enseignants formés et bien rémunérés. Du jardin d'enfants à l'université, on compte pas moins de 60 000 institutions éducatives privées en Chine, dont près d'une centaine d'universités. Une nouvelle loi récente autorise même ces établissements à faire des bénéfices. Les droits d'inscription s'élèvent à plusieurs milliers, voire dizaines de milliers, de yuans par an. Ces enfants-là, issus de la nouvelle élite chinoise qui tourne le dos à ses origines paysannes, surfent sur Internet et iront poursuivre leurs études aux États-Unis, lorsque ceux des zones rurales, à l'instar de Ma Yan, se débattent avec la faim et l'exclusion : la Chine peut-elle longtemps faire à ce point le grand écart ?

Il n'y a nulle part trace, chez la mère de Ma Yan comme dans le journal intime de sa fille, de ressentiment ni de rancœur vis-à-vis de la société qui les a oubliées, de leurs compatriotes qui se sont enrichis, ou d'un gouvernement qui ne fait pas grand-chose pour elles. Même lorsqu'elle se voit refuser quelques légumes par des camarades de classe plus aisés qu'elle, Ma Yan ne leur en veut pas : elle en tire simplement la conclusion qu'elle ne peut compter que sur elle-même pour s'en sortir. C'est ce qui fait son désespoir dans les moments les plus difficiles ; c'est aussi ce qui lui donne tant de force pour étudier et espérer une vie meilleure. Le journal de Ma Yan constitue, en ce sens, une leçon de courage d'une portée universelle.